CONVIVIOLOGIA JURÍDICA
E
VALORES SOCIAIS
DO TRABALHO-CAPITAL

Modelo Jurídico de Conduta
Princípios para salvar *vida*, *prevenir* violência ou conflito
familiar, profissional, econômico, social e político

ALTAMIRO J. DOS SANTOS

Advogado. Economista — Professor Universitário. Bel. em Ciências Sociais. Bel. em Letras — Português/Tradutor e Intérprete em Espanhol. Pós-Graduação e Aperfeiçoamento em Direito. Especialista em Metodologia do Ensino Superior. Membro do Instituto Brasileiro de Direito Constitucional, Instituto dos Advogados do Paraná e da Associação Brasileira dos Advogados Criminalistas.

CONVIVIOLOGIA JURÍDICA E VALORES SOCIAIS DO TRABALHO-CAPITAL

Modelo Jurídico de Conduta

Princípios para salvar *vida*, *prevenir* violência ou conflito familiar, profissional, econômico, social e político

EDITORA LTr
SÃO PAULO

Dados Internacionais de Catalogação na Publicação (CIP)
(Câmara Brasileira do Livro, SP, Brasil)

Santos, Altamiro J. dos
  Conviviologia jurídica e valores sociais do trabalho-capital / Altamiro J. dos Santos. — São Paulo : LTr, 2004.

  Bibliografia.
  ISBN 85-361-0602-6

  1. Conviviologia social 2. Relações industriais 3. Valores sociais I. Título.

04-6229   CDU-34:301.16:331.1

Índices para catálogo sistemático:

1. Conviviologia jurídica e valores sociais do trabalho-capital :
   Direito do trabalho   34:301.16:331.1
2. Valores sociais do trabalho-capital e conviviologia jurídica :
   Direito do trabalho   34:301.16:331.1

(Cód. 3023.3)

© Todos os direitos reservados

EDITORA LTDA.

Rua Apa, 165 — CEP 01201-904 — Fone (11) 3826-2788 — Fax (11) 3826-9180
São Paulo, SP — Brasil — www.ltr.com.br

Março, 2005

HOMENAGENS

In Memoriam

Afonso José dos Santos, pai, e Maria Luiza dos Santos, mãe, exemplos de humildade, escola de vida e dignidade.

Celso Ribeiro Bastos, jurista que plantou a semente do saber constitucional.

Ex Ratione Personam

Jussara Stock dos Santos, exemplo de dignidade.

Eveltoniro Stock dos Santos, filho, Cacilda Enata Cardoso dos Santos, nora, Gabriela Enata Cardoso dos Santos e Luana Cardoso dos Santos; Cinara Stock dos Santos, filha, Rafael Santos Sbaraini, neto; Jonara F. Stock dos Santos de Oliveira, filha, e Marcelo Perin de Oliveira, genro.

Summa Cum Laude

Juristas: Arnaldo Süssekind, Floriano Vaz da Silva, Alfredo Guilherme Englert, Amauri Mascaro Nascimento, Luiz Flávio Borges D'Urso e Maria Garcia.

Ad Honorem et de Meritis

Armando Casimiro Costa, Diretor Presidente; Armando Casimiro Costa Filho e Manoel Casimiro Costa, Diretores Nacionais da Família LTr, fonte de saber jurídico semeado, desde do século XX, nas milhares de obras editadas e congressos de direito do trabalho todos os anos, já no pódio do 44º Congresso realizado em 2004.

ÍNDICE SISTEMÁTICO GERAL

Prefácio — Maria Garcia 13

Propedêutica 17

TÍTULO I
PROPEDÊUTICA ASPECTOLÓGICA

Capítulo I
DO SER HUMANO E DO MODELO JURÍDICO DE CONDUTA

Seção I
Do Ser Humano

1. Análise Preliminar 21
2. Ser Humano 25
3. Origem da *Vida* e da Conviviologia na Bíblia 28
4. Origem da Vida Humana na Biologia, Medicina e Mistérios no Cenário da Conviviologia 30

Seção II
Do Direito à Vida

1. Análise Preliminar 36
2. Direito Universal e Constitucional 36
3. A Vida na Ótica do Jurista 38
4. Fundamentos Jurídicos 40
    4.1. Análise Preliminar 40
    4.2. Direito à Vida 40
5. A Vida, *Bem Supremo* 41

Seção III
Dos Princípios Ético-Culturais do Modelo Jurídico de Conduta

1. Análise Preliminar 42
2. Princípios Ético-Culturais do Modelo Jurídico de Conduta 42

TÍTULO II
CONVIVIOLOGIA JURÍDICA

Capítulo I
DA CARACTERIZAÇÃO E DOS OBJETIVOS

1. Caracterização 48
2. Objetivos 49
   2.1. Objetivo Geral 49
   2.2. Objetivo Específico 50

Capítulo II
DO CONTEÚDO PROGRAMÁTICO

1. Análise Preliminar 50
2. Desenvolvimento 53
   2.1. Ciência e Arte 53
   2.2. Origem Vocabular 54
   2.3. Conceito 55
   2.4. Lei da Harmonia 55
   2.5. Ciência do Sucesso. Psicocibernética. Pressupostos do Convívio Humano 59
   2.6. Objeto da Conviviologia Jurídica 66
   2.7. Amor e Afeição. Emoção e Paixão na Conviviologia 66
      2.7.1. Amor e Afeição 66
      2.7.2. Emoção e Paixão 68
      2.7.3. Diferença entre Afeição, Amor, Emoção e Paixão 68
   2.8. Convívio 69
   2.9. Instituto da Conciliação 70
      2.9.1. Conceito 70
      2.9.2. Natureza Jurídica 70
3. Moral e Ética. Educação e Cultura 71
   3.1. Origem Vocabular 71
   3.2. Conceito 72
   3.3. Divisão da Ética 72
   3.4. Ética, bússola orientadora do rumo do bem 72

3.5. Educação e Cultura 74
 3.5.1. Educação 74
 3.5.2. Cultura 75
4. Direito e Comunicação 76
 4.1. Direito 76
 4.2. Comunicação 76
5. Poder da Palavra e Oratória 77
 5.1. Análise Preliminar 77
 5.2. Língua e Fala 79
 5.3. Força Operadora da Palavra 80
 5.4. Eloqüência, Retórica e Dialética 82
 5.5. Oratória e Orador 83
  5.5.1. Análise Preliminar 83
  5.5.2. Orador 85
  5.5.3. Oratória 86
6. Conclusão 90

TÍTULO III
VALORES SOCIAIS DO TRABALHO-CAPITAL

Capítulo I
DAS DISPOSIÇÕES GERAIS

1. Análise Preliminar 91
2. Fenômenos Terroristas atingem os Agentes Produtivos da Relação Trabalho — Capital 91
3. Fundamentos Jurídicos 95

Capítulo II
DA TEORIA DA FUNÇÃO SOCIAL NO BINÔMIO: TRABALHO-CAPITAL

Seção I
Da Caracterização e dos Objetivos

1. Caracterização 95
2. Objetivos 98
 2.1. Objetivo Geral 98
 2.2. Objetivo Específico 98

3. Poder da Inteligência dos Agentes Econômicos opera Milagre na Criatividade em Harmonia com o *Binômio Trabalho-Capital* 99

Seção II
Do Conteúdo Programático

1. Análise Preliminar 102
2. Desenvolvimento 102
   2.1. Trabalho na Fenomenologia Econômica 102
      2.1.1. Conceito 102
      2.1.2. Trabalho: fator de alegria, felicidade e marca pessoal 103
   2.2. Organização Racional e Científica do Trabalho 105
   2.3. Capital na Fenomenologia Econômica 106
      2.3.1. Conceito 106
      2.3.2. Investimento e Harmonia: Fator Produtivo de Prosperidade 106
      2.3.3. Relacionamento: Agentes Econômicos Produtivos de Riqueza 107
   2.4. Idealismo Vocacional Perseverante 108
   2.5. Desafio da Qualidade de Competência dos Agentes Econômicos no Binômio: Trabalho-Capital 111
   2.6. Perspectiva da Globalização da Economia 116
      2.6.1. Integração Latino-Americana e Mercosul 116
      2.6.2. Fundamentos do Fenômeno de Integração do Mercosul 116
      2.6.3. Repercussão da Globalização da Economia na Teoria da Função Social no Binômio: Trabalho-Capital 117
   2.7. Perspectiva da Globalização do Direito 119
   2.8. Agentes Produtivos no Binômio: Hipertrabalho-Hipercapital no Mundo 120
   2.9. Crime do Exercício Arbitrário das Próprias Razões 124
   2.10. Órgão de Solução de Controvérsia Extrajudicial e Judicial 124
      2.10.1. Análise Preliminar 124
      2.10.2. Juizados Especiais Estaduais e Federais: Cíveis e Criminais 125
      2.10.3. Comissões de Conciliação Prévia Trabalhista e Conselhos Arbitrais. Outros Órgãos Conciliadores 125
      2.10.4. Força e Importância da Arte do Diálogo para o Sucesso dos Órgãos Conciliadores 126
3. Conclusão 127

Seção III
Da Doença de Origem Emocional no Século XXI

1. Análise Preliminar 127
2. Gerenciar o Sentimento e Pensamento: Solução para Equilíbrio Emocional 127
3. Diagnóstico e Profilaxia: Qualidade e Quantidade de Vida 129
4. Causas e Efeitos do *Stress* e do *Distress*, Rir, Alegria e Criatividade são fenômenos de Saúde 130
5. *Linha Média* da Riqueza ou da Pobreza dos Agentes Laborais 135
6. Desemprego, Violência e Criminalidade 136

Conclusão Geral 139

Bibliografia 141

PREFÁCIO

Instigante, sem dúvida, é o tema desenvolvido pelo Prof. *Altamiro J. dos Santos* quando comete essa ousadia de refletir sobre *os problemas da convivência humana*, em um século — iniciando um novo milênio — em que, ironicamente, apresenta-se desmedido o desenvolvimento da Ciência e da Tecnologia, sobrepairando os estudos humanísticos.

Segue-se o Autor em boa companhia. *Capra, Prigogyne, Morin* e tantos outros cientistas e filósofos que vêm expondo seu pensamento, centralizado no eixo Homem-Terra, portanto, desde uma educação integrativa, abrangente da Razão e da Emoção humanas, quanto do meio ambiente propiciador de sadia qualidade de vida, é dizer, da existência digna.

No espaço dessa correlação, o Prof. *Altamiro J. dos Santos* desenvolve variados temas, conexos à problemática básica do seu estudo para atingir "os valores sociais do Trabalho/Capital", em um sentido amplo e não comum, na preocupação do jurista por aspectos de uma humanização desse binômio da ordem econômica e social. Percebe-se isso pela rica diversidade da bibliografia utilizada.

A convivência dos valores sociais trabalho/capital envolve, nesse estudo, o segmento social que une (e viabiliza) os dois pólos da ordem econômica: de um lado, as crianças e (parte dos) idosos (*et pour cause*); do outro, a "classe" política.

Permanece no *centro*, entre esses dois pólos extremados, o segmento social dos *trabalhadores* que mantêm a sociedade viva e atuante.

De início, o Autor preocupa-se com uma reflexão sobre o bem máximo da *vida*, esse "processo vital", como explicita *José Afonso da Silva* ("Curso de Direito Constitucional Positivo") e o direito à existência, no pressuposto incontornável de existência digna, dados os termos da Constituição de 1988 (art. 1º, III) colocando, como fundamento do Estado brasileiro, *a dignidade humana*.

Nesse patamar constitucional temos toda a fundamentação necessária ao equacionamento do assento.

Em seguida, o Autor desenvolve um aspecto também fundamental da preocupação dos pensadores contemporâneos e não somente da área jurídica: a Filosofia, a Física Teórica, a Biologia, a Antropologia, a Ética, em uma citação apenas inicial, vêm ocupando-se dessa problemática Homem/Meio Ambiente e tudo o que pode compreender, tudo refluindo aos aspectos educacional e cultural.

Nesse evolver do pensamento contemporâneo situa-se a crise da Razão, ou seja, a razão instrumental e a formação emocional do ser Humano.

Muitos estudos se voltam, há algum tempo, para o estudo do hemisfério cerebral referente à emoção humana e nessa abrangência a relação Eu/Outro deixou de ser uma cogitação kantiana para alcançar, como deveria, a convivência social, pelos vínculos da solidariedade e subsidiariedade, instituídos pela Revolução Francesa e a doutrina social da Igreja.

Assim, o Autor percorre os caminhos da possível conciliação entre seres humanos, a educação e a cultura, o prisma do trabalho/capital e seus resultantes, colorações e luzes, como parte de uma unidade definidora da atuação do homem.

Cremos ser, a presente obra, uma reflexão válida para a compreensão dos conflitos sociais que têm ensejado uma visão unilateral do trabalho/capital e que demanda a consideração de outros horizontes, na abrangência da dignidade humana.

A *dignidade humana,* nunca por demais lembrada, representa hoje princípio fundamental do Estado brasileiro (Constituição, art. 1º, III) e isso mostra que é um princípio-norteio, para o qual se volta todo o ordenamento jurídico que, sem essa diretriz, não teria razão de ser.

Daí todo o desenvolvimento do presente trabalho, voltado para essa finalidade superior, transcedental mesmo, do valor nuclear, centralizador, do ser Humano.

São Paulo, SP, janeiro de 2005

Maria Garcia

Livre Docente em Direito Constitucional e Professora de
Direito Constitucional e Direito Educacional pela Pontifícia
Universidade Católica de São Paulo. Procuradora do Estado
aposentada. Ex-Assessora Jurídica da
Universidade de São Paulo. Membro do Instituto dos
Advogados de São Paulo e Membro Presidente do
Instituto Brasileiro de Direito Constitucional.

O filósofo *Platão* (427-437 a.C.) já se preocupava com a harmonia entre as pessoas de seu tempo, pois, entre suas obras escreveu "Convívio", certamente autêntica, consoante noticia o *Padre Leonel Franca S. J. (In* "Noções de História da Filosofia". 19ª ed. Rio de Janeiro: Livraria Agir, 1957, p. 49).

Augusto Jorge Cury ensina: "Não duvide do valor da vida, da paz, do amor, do prazer de viver, enfim, de tudo que faz a vida florescer. Mas duvide de tudo que a compromete" ("Treinando a emoção para ser feliz". São Paulo: Academia de Inteligência, 2001, p. 26).

Osmar Medeiros, diz: "Saber é viver em harmonia com o mundo". Cita *Ralph Waldo Emerson* que pontua: "O pensamento é a semente da ação" ("Saber pensar é querer mudar". Curitiba: JM, 1997, pp. 127-8).

PROPEDÊUTICA

A propedêutica[1] aspectológica[2] pontua que se vive uma sensação de desconfiança e insegurança. *Quem* se aproxima, se desconhecido, é *quase suspeito*, diante de tanta violência, criminalidade, cerceamento do sagrado direito constitucional à cidadania, à dignidade, à vida, à liberdade, à igualdade, à propriedade (CF, arts. 1º, II, III e 5º *caput*); há, também, um ambiente de crise de autoridade e impunidade nas relações entre as pessoas.

O Brasil é rico em território, população, urbanização, religião, política, agricultura, agropecuária, indústria, mineração, petróleo, energia, telecomunicações, turismo, economia, tecnologia, comércio, exportação, importação, esporte: tetracampeão mundial de futebol, campeão em voleibol e iatismo nas Olimpíadas de Atenas 2004, entre tantos outros.

Na República Federativa Brasileira não falta *lei* que defina com clareza o *modelo jurídico de conduta* que todos devem adotar para o convívio pacífico em sociedade.

Por que a pobreza de consciência do violador do direito, produtor do *mal*, em princípio ético cultural para adotar a Conviviologia Jurídica[3], *ciência* social e *arte* do convívio; bem-estar e conciliação que rege a vontade de pensar, criar e agir na produção da paz, do entendimento entre as pessoas em suas dimensões de vida em harmonia com o direito para *salvar* vida humana e *prevenir* mutilação psicofísica em face de tanta violência e criminalidade, que leva muitos seres humanos a pensarem que esses fenômenos que desafiam a inteligência não têm mais solução?

---

(1) Aurélio Buarque de Holanda Ferreira, define propedêutica: "Introdução, prolegômenos, de uma ciência; ciência preliminar". *Novo Dicionário da Língua Portuguesa*. 2ª ed. rev. e aum., 7ª impressão. Rio de Janeiro: Nova Fronteira, 1986, p. 1.402.
(2) Aspectologia = *aspectus*: origem latina; *logia*: origem grega. *Aspectus + logia* = aspectologia. Formação híbrida: línguas diferentes. Consiste no estudo e avaliação de uma questão em todos os sentidos e sua relação com outros institutos do saber. Altamiro J. dos Santos. *Direito Penal do Trabalho*. São Paulo: LTr, 1997, pp. 78-81.
(3) Altamiro J. dos Santos, criador e defensor da Conviviologia Jurídica em seus inovadores *Direito Penal do Trabalho*, São Paulo: LTr, 1997, pp. 128 *usque* 135; *Comissão de Conciliação Prévia — Conviviologia Jurídica e Harmonia Social*, São Paulo: LTr, 2001, pp. 85 *usque* 97 e *Direito Civil do Trânsito — Responsabilidade & Danos: Material, Moral, Psicofísico, Estético, Social, Trabalhista, Acidentário e Ambiental*. São Paulo: LTr, 2003, pp. 135 *usque* 144.

Por que tanta pobreza de consciência na violação do modelo de conduta descrita na lei?

Pode-se fazer algo para mudar tantos desafios à lei e à vida do ser humano produtor do bem?

Ou se deve continuar assim, as *vítimas* entrando com a *vida*, a *integridade psicofísica* e os *facínoras*, violando a lei, pensando pequeno demais, *submetendo-as* às trágicas conseqüências da tortura, massacre, terrorismo e condenando-as à pena de morte e *eles* mesmo as executando, dramaticamente, todos os dias, sem nenhum direito à defesa?

A *conduta do ofensor da lei é a exceção, não a regra geral.*

É necessário que se faça uma releitura no modo de sentir, pensar, criar e agir em harmonia com o modelo jurídico de conduta. É relevante todos se afinarem pelo mesmo diapasão da produção do *bem-estar*, da paz, da política de investimento compatível com as necessidades da estrutura material, pessoal e tecnológica para realinhar as autoridades policiais civis, militares, administrativas, Ministério Público e Poder Judiciário, não só na competitividade com facínoras individuais ou organizações criminosas, mas para impor respeito e credibilidade as normas jurídicas e restabelecer o exercício da cidadania e da dignidade das pessoas no modelo democrático de direito em todos os níveis sociais. O País não está em guerra civil!

O *ser humano* é constituído de corpo, alma e sentimento. É capaz de sentir, pensar, criar, decidir e agir. É titular de direito universal e constitucional à vida, à cidadania, à dignidade, aos valores sociais do trabalho e da livre iniciativa, bem como, personalidade, razão, sentido de direção, mecanismos que buscam e lutam para alcançar objetivos. Foi feito dessa maneira.

O cientista *Augusto Jorge Cury*, criador da *teoria da inteligência multifocal* [4] escreve: "A emoção é um dos grandes enigmas da inteligência. A matemática da emoção não obedece aos princípios da *inteligência lógica*. Podemos ser ricos financeiramente, mas miseráveis emocionalmente"[5].

Logo, o modelo de conduta definido nas leis, é uma opção ético-cultural possível; querendo, todos podem exercer a *lei da concienciologia* para produzir o *bem-estar*.

Não é possível alcançar um padrão de comportamento na convivência familiar, profissional, social, econômica e política se não se pro-

---

(4) CURY, Augusto J. *Inteligência Multifocal*. São Paulo: Cultrix, 1998.
(5) CURY, Augusto J. *Revolucione sua qualidade de vida: navegando nas águas da emoção*. Rio de Janeiro: Sextante, 2002, p. 11.

curar aprender a *pensar antes de agir ou reagir*, bem como conhecer os limites da norma jurídica para afinar o comportamento de cada ser humano em harmonia social.

É sábia a lição de *Augusto Jorge Cury:* "Ninguém consegue interromper a produção de pensamentos! Só é possível gerenciá-la"[6]. Tudo tem seu tempo determinado. Há tempo para todo propósito debaixo do céu: há tempo de nascer e tempo de morrer; *tempo de chorar e tempo de rir; tempo de guerra e tempo de paz* (Bíblia: Ec. 3: 2, 4, 8).

Portanto, é possível alcançar, *sempre e sem parar, novos princípios ético-culturais no cenário de entendimento entre as pessoas* e orientar a vontade de pensar e triunfar na *tribuna da escola dos vencedores* no *presente* e no *futuro*. Augusto Jorge Cury enfatiza: "Quem quer ser um mestre precisa aprender a ser, antes de tudo, um grande aluno na escola da vida"[7].

A Lei de Introdução do Código Civil, n. 4.657/42, art. 3º define: "Ninguém se escusa de cumprir a lei, alegando que não a conhece". A Constituição Federal, art. 5º, estabelece: "II — *Ninguém será obrigado a fazer ou deixar de fazer alguma coisa senão em virtude de Lei* ".

O Código Civil, Código Penal, Código de Trânsito Brasileiro, Código de Defesa do Consumidor e milhares de outros diplomas substantivos, definem o *modelo* imperativo de conduta jurídica que todos podem adotar como diapasão, para afinar a orquestra da convivência criativa no cenário da cidadania e dignidade humana.

Cascavel, PR, 3 de janeiro de 2005.

Altamiro J. dos Santos

---

(6) CURY, Augusto J. *Treinando a emoção para ser feliz*, 19ª ed. São Paulo: Academia de Inteligência, 2001, pp. 24-5.
(7) *Op. cit.*, p. 23.

TÍTULO I
PROPEDÊUTICA ASPECTOLÓGICA

Capítulo I
DO SER HUMANO E DO MODELO JURÍDICO DE CONDUTA

Seção I
Do Ser Humano

1. Análise Preliminar

O ser humano é titular de inteligência e personalidade. Pode alcançar o *pódio* e receber a medalha de *ouro* como campeão no exercício do *modelo jurídico de conduta* para mostrar ao mundo que é uma opção possível ao alcance de todos para produzirem o *bem*. Nada custa. Basta, apenas, a vontade de querer! A violência, a criminalidade e a sensação de impunidade no Brasil, não é uma guerra civil."

Não se trata de uma guerra civil, como bem focaliza o cientista político *Sérgio Abranches*: "Guerra civil é um confronto generalizado entre duas partes da sociedade, numa disputa pelo seu território e pela constituição do poder. Não é o caso. Banditismo é banditismo. Ação política que agride a lei é ação ilegal". Diz mais: "A autoridade democrática precisa de pulso para se exercer, e sua omissão derroca a própria democracia". Acrescenta: "A ética democrática contém em seus parâmetros a repressão e, no limite, o uso da força física. Essa ética exige, também, um critério social. Nenhum exclui o outro". E cita *Thomas Hobbes* que dizia: "O cidadão é livre no silêncio da lei. Não é o caso: a lei diz que não se pode invadir propriedade alheia, ainda mais produtiva"[8].

Não se pode *matar,* mas os criminosos continuam matando. Pouco importa se as vítimas são inocentes ou não. Os assassinatos e massacres são diversos e, todos os dias, só no trânsito, em 2000, quando

---

(8) PRANCHES, Sérgio. "Em Foco — Não há guerra civil". *Revista Veja*, www.veja.com.br, edição 1.850, ano 37, n. 16, São Paulo: Abril, 21 de abril de 2004, p. 114.

eram 169.590.693 habitantes e a frota de 29.503.503 veículos, os ofensores da lei *causaram: 358.762* vítimas não fatais, 983 por dia, 41 por hora; *20.049* fatais[9], 55 por dia e mais de 2 por hora no cenário de beligerância! Os 4 principais protagonistas no trânsito são: o *ser humano,* 90% e os outros, veículo, via terrestre e ambiente, 10%. Mataram *mais* do que a guerra do Vietnã, câncer e AIDS. Foram mais vítimas do que a população de *287 dos 90,43%* municípios brasileiros[10]. O impacto social e econômico só dos acidentes de trânsito na área urbana foi muito trágico, sobretudo, pela dor, sofrimento e perda da qualidade de vida das vítimas, familiares e da própria sociedade, que só em 2001 geraram custos na ordem de R$ 5,3 bilhões, ao preço de 04/2003 (Fonte: *IPEA*/pesquisa-05/2003).

A Constituição Federal, art. 5º, estabelece: "II — *Ninguém será obrigado a fazer ou deixar de fazer alguma coisa senão em virtude de Lei".* A Lei de Introdução do Código Civil, n. 4.657/42, art. 3º define: "Ninguém se escusa de cumprir a lei, alegando que não a conhece".

O Código de Trânsito brasileiro, pontua:

"*Art. 302. Praticar homicídio culposo na direção de veículo automotor: pena — detenção, de 2 a 4 anos, e suspensão ou proibição de se obter a permissão ou a habilitação para dirigir veículo automotor."*

O *Código Civil, Código de Defesa do Consumidor,* assim como milhares de outros diplomas substantivos, definem o *modelo* imperativo de conduta jurídica que todos podem e devem adotar para cumprirem.

Se são leis para o *bem-estar* de todos e que devem ser cumpridas, *por que,* então, tantas violações?

Será a vontade de pensar grande para recriar novos princípios de segurança e convívio social e todos triunfarem?

Algo está errado!

Só é possível prosperar novos princípios[11] ético-culturais, se se estabelecer um processo de releitura do *modelo jurídico de conduta* entre os interlocutores sociais, econômicos e políticos dos Poderes da República e da atual geração humana, que, muitas vezes, são protago-

---

(9) Anuário Estatístico de Acidentes de Trânsito — DENATRAN-2000.
(10) *Op. cit.,* 2003, p. 168.
(11) O douto Prof. *Amauri Mascaro Nascimento,* cita o emérito *Miguel Real* que conceitua princípio: "São verdades fundantes de um sistema de conhecimento, como tais admitidas, por serem evidentes ou por terem sido comprovadas, mas também por motivos de ordem prática de caráter operacional, isto é, como pressupostos exigidos pela necessidade de pesquisa e da praxis". *In Curso de Direito do Trabalho,* 9ª ed. atual. São Paulo: Saraiva, 1991, p. 210.

nistas no cenário de beligerância, com danos que atingem a todos. É imprescindível que haja *imediata* e *simultânea* atuação, forte e clara, dos governantes diante do crescimento da violência e da criminalidade, inclusive com a participação das organizações da sociedade civil, na formulação e implementação de política de segurança, moderna estratégia e tecnologia para vencer tantos os desafios e provocações dos *ofensores da lei* às autoridades constituídas democraticamente. Caso contrário o poder democrático de direito perde a batalha para o poder *paralelo* organizado pelos criminosos.

As pessoas da sociedade, constituída para construírem o *bem*, vivem em verdadeiros cárceres privados, com batalhões de vigilantes privados que, atualmente, são de 334.000, exercendo a profissão em: serviços de vigilância pessoal, patrimonial, transporte de valores e escolta, além de outros mecanismos e instrumentos eletrônicos com alta tecnologia para terem a sensação de que não serão alcançadas pelos facínoras!

A jornalista *Crystiane Silva* aponta pesquisa da realidade: "Ninguém precisa de estatística para saber que a segurança pública é insuficiente para combater a violência nas grandes cidades. Essa deficiência fez nascer um promissor segmento de segurança privada no Brasil. O setor cresce 10% a cada ano e movimenta 7,5 bilhões de reais ...". Acrescenta: "Os números: existem 2.100 empresas de segurança no país, quase o dobro do que há na Itália"[12].

Dados da Revisão da Projeção Populacional do Brasil, divulgados em 30 de agosto de 2004, pelo Instituto Brasileiro de Geografia e Estatística — IBGE, registra o recorde de 181.586.030 milhões de habitantes[13]. Todos sujeitam-se à violência no cenário da criminalidade. Ninguém poderá cercear o sagrado direito de *ir* e *vir;* menos ainda, destruir o direito à vida, à cidadania, à dignidade humana, aos valores sociais do trabalho e da livre iniciativa; fundamentos do Estado democrático de direito. Entretanto, o risco de morrer no *caminho do trabalho,* em qualquer momento, é dramático, diante dos *facínoras*: produtores do *mal* e violadores da lei.

O que fazer? Estabelecer um novo pacto de mudança ético-cultural de atitude na atual geração com repercussão futura é, sem dúvida, um gigante *desafio da inteligência humana. Mas é possível*!

---

(12) SILVA, Crystiane. " Exército em Casa". *Revista Veja*, edição 1.850, ano 37, n. 16, São Paulo: Abril, 21 de abril de 2004, p. 102.
(13) Fonte: *Correio do Povo*, Porto Alegre: Empresa Jornalística Caldas Júnior, de 31.8.2004, pp. 1 e 9.

Vincadamente, essa tarefa, poderá ficar mais fácil, mostrando-se as trágicas conseqüências em face da conduta anti-social e *anti-jurídica*, *i.e.*, contrária à norma jurídica, adotada pelos protagonistas do *pódio* no mundo do crime.

Deve-se, também, pontuar que é melhor adotar o *modelo de conduta* definida na *lei* para salvar *vida humana* e *prevenir* tantas tragédias com danos, muitas vezes, irreversíveis que podem atingir a todos e até mesmo ao próprio ofensor do direito.

Por isso, destaca-se o magistério da tratadista *Zoroastra de Paiva Ferreira*: "Prevenir o ilícito é mil vezes melhor que remediá-lo"[14].

Não se pode transformar o caminho da convivência em corredor para matar ou morrer! A estatística mostra que mais de 600.000 pessoas foram assassinadas no cenário de guerra urbano no Brasil. Trata-se de trágicas conseqüências só comparáveis a uma sangrenta e selvagem guerra civil.

O jornalista *Ronaldo França* em matéria sobre "A cidade que o medo construiu", focaliza: "O problema tem sua origem na incompetência, oportunismo político, tolerância com a indisciplina e pura falta de responsabilidade. No Brasil, políticos à direita e à esquerda podem ser diferentes em muitas coisas, mas unem-se na omissão em relação ao crescimento das favelas e à desordem urbana". Diz mais: "O que é inegável é a existência de uma indisciplina individual que se disseminou como praga nas cidades"[15].

Não é mais possível viver a sensação de um campo de batalha, no qual a *"vítima entra com a vida ou a dignidade e o protagonista com a violação do Direito". Simples*? O *pessimista diz:* é difícil! O otimista diz: é possível!

Entretanto, é essencial construir novo princípio ético-cultural otimista. *Para alcançar êxito, não pode mais prosperar a lei da vantagem, na qual uma das partes perde muito para a outra ganhar demais*. Há que se restabelecer a confiança, credibilidade e certeza na punibilidade do agente ofensor da *lei*.

As pessoas da atual geração contemplam novos e valiosos horizontes do saber para distinguir com clareza o *bem* e o *mal;* o *certo* e o *errado*, o que se pode e o que não se pode fazer consoante a lei.

---

(14) FERREIRA, Zoroastra de Paiva. *Criminalidade*. São Paulo: Universitária de Direito, 1986, pp. 117-8.
(15) FRANÇA, Ronaldo. "A cidade que o medo construiu". *Revista Veja*, edição 1.850, ano 37, n. 16. São Paulo: Abril, 21 de abril de 2004, pp. 41-42.

Osmar Medeiros cita Jean Jacques Rousseau que acentua: "O primeiro passo para o bem é não fazer o mal"[16].

A tecnologia da informação e comunicação no mundo constitui a maior *fonte* de conhecimento, ao alcance de todos. *Ad exemplum:* televisão, rádio, jornal, revista, *internet*, *satélite* com tanta eficiência, que pode em fração tão pequena de tempo, *"segundos"*, alcançar de um lado ao outro do planeta terra e outros que o ser humano está estudando para descobrir seus mistérios.

Não é mais possível continuar um convívio em que o agente do *bem* já não pode mais exercer o sagrado direito de *ir* e *vir*, nem mesmo às suas atividades, pois não sabe mais se retorna vivo, porque o agente do *mal* pode estar no caminho para decretar a pena de morte e ele mesmo a executar, como se o *ser humano* não tivesse nenhum valor.

O jornalista *Osni Gomes* aponta dura realidade: "A disputa, o poder a qualquer custo, a riqueza sem ética, a lei de levar vantagem em tudo esta prevalecendo. Já não podemos ter a certeza de que vamos acordar amanhã diante dos mesmos *princípios* que deixamos quando deitamos ontem"[17] (grifa-se).

2. Ser Humano

O *ser humano* [18] é constituído de corpo, alma e sentimento[19]. É capaz de sentir, pensar[20], criar, decidir e agir. É titular de direito univer-

---

(16) MEDEIROS, Osmar. *Saber pensar é querer mudar*. Curitiba: JM, 1997, p. 113.
(17) GOMES, Osni. " A Violência". *O Estado do Paraná*. Curitiba: O Estado do Paraná, 1º.6.03, p. 4.
(18) O cientista *Augusto J. Cury* pontua: "Cada ser humano é um mundo de mistérios. Nunca pense que você é um ser comum e sem importância. Há mais mistérios no cerne de sua alma humana do que no universo. Os fenômenos psicológicos são mais complexos do que os físicos". *In Treinando a Emoção para ser feliz*. 19ª ed. São Paulo: Academia de Inteligência, 2001, p. 32.
(19) *Augusto J. Cury* conceituou: "A emoção é um campo de energia em contínuo estado de transformação. Produzimos centenas de emoções diárias. Elas se organizam, se desorganizam e se reorganizam num processo contínuo e inevitável". *Op. cit.*, p. 34.
(20) *Augusto J. Cury* ensina: "A maior fonte é o mundo das idéias. Quantos pensamentos produzimos por dia?... Tente parar de pensar. Você não conseguirá. Pensar é o destino do homem". *In Treinando a Emoção para ser feliz*. 19ª ed. São Paulo: Academia de Inteligência, 2001, p. 24. *Norman Vicent Peale* lembra as sábias palavras de *Marco Aurélio*, um dos grandes pensadores da antigüidade: "A vida do homem é guiada pelos seus pensamentos". *O Poder do Pensamento Positivo*. Tradução de Lenidas Gontijo de Carvalho. São Paulo: Cultrix, 1999, p. 198. O jornalista *Ronaldo França* em magnífico estudo que trata da ciência com *a força do pensamento* registra: "Não é ficção. Os seres humanos podem controlar objetos robóticos usando apenas a força do pensamento". E destaca: "O que os cientistas desenvolveram foi um processo ainda em estado básico por meio do qual conseguem captar o conjunto de sinais emitidos por centenas de neurônios, simultaneamente, no momento em que uma pessoa pensa e

sal e constitucional à vida, à cidadania, à dignidade, aos valores sociais do trabalho e da livre iniciativa[21]; bem como, personalidade[22], razão, sentido de direção, mecanismos que buscam e lutam para alcançar objetivos. Foi feito dessa maneira.

O cientista *Augusto Jorge Cury*, criador da *teoria da inteligência multifocal* [23] *averba*: "A emoção é um dos grandes enigmas da inteligência. A matemática da emoção não obedece aos princípios da *inteligência lógica*. Podemos ser ricos financeiramente, mas miseráveis emocionalmente.

Por exemplo, muitos homens são competentes profissionalmente. Tornam-se milionários, constroem palácios e imponentes jardins, têm excelente sucesso financeiro, mas não conseguem expandir sua tranqüilidade e prazer de viver. Todavia, quem admira seus palácios e tem tempo para contemplar a beleza das flores dos seus jardins são seus empregados mais simples. Então, quem é rico?

A alma humana é um pequeno e infinito mundo. Pequeno, porque cabe dentro de cada ser humano, mesmo de uma criança abandonada pelas ruas. Infinito, porque é insondável em sua plenitude. Diariamente pensamos, refletimos, raciocinamos, sentimos solidão, medo, ansiedade, alegria, tranqüilidade. Não temos consciência de como isso é complexo"[24]. O autor pontifica algumas áreas de pesquisa de sua inovadora *teoria da inteligência multifocal*: "A influência da emoção no registro da memória, os focos de ansiedade obstruindo a construção dos pensamentos, a formação das zonas de conflitos e do cárcere da emoção"[25].

Ensina o cientista *Norman Vicent Peale* que: "O modo de pensar tem uma influência decisiva no que sentimos verdadeiramente no físico. Se seu espírito diz que você está fatigado, o mecanismo do corpo, os nervos e os músculos aceitam esse fato. Se ele está fortemente interessado, você poderá prosseguir com a sua atividade indefinidamente"[26]. O autor salienta outro aspecto que compreende uma verda-

---

realiza um movimento. Os neurônios produzem descargas elétricas. A ordem com que eles disparam essas descargas informa ao corpo o tipo de movimento que ele deve fazer. Os pesquisadores descobriram uma maneira de gravar essa seqüência em linguagem de computador". *"Com a Força do Pensamento"*. Revista Veja, edição 1.846, ano 37, n. 12. São Paulo: Abril, 24 de março de 2004, p. 54.
(21) *Constituição Federal*, art. 1º, I, a, IV.
(22) Jurista *Décio Ferraz Alvim*, define: "A personalidade é o que constitui ou caracteriza a pessoa, o indivíduo consciente, racional e livre". In: Direito Civil — Introdução e Parte Geral, 2ª ed., São Paulo: Sugestões Literárias, 1970, p. 10.
(23) CURY, Augusto J. *Inteligência* ..., cit., 1998.
(24) CURY, Augusto J. *Revolucione sua*..., cit., p. 11.
(25) *Idem, ibidem*, p. 41.
(26) PEALE, Norman Vicent. *O Poder do Pensamento*..., cit., p. 43.

de básica: "A nossa condição física é, em grande parte, determinada pela nossa condição emocional. A vida de nosso pensamento é que regula profundamente a nossa vida emocional"[27].

O cientista *Augusto Jorge Cury* pontua e questiona: "Cada ser humano é uma fonte de perguntas em busca de grandes respostas. A ciência responde a milhões de perguntas, mas não sabe responder às perguntas mais básicas da vida. Quem somos? De onde viemos? Para onde vamos? O que é tempo? O que nos acontecerá depois do caos da última batida do coração?" Diz mais: "Pobre ciência! Sabe muito, mas conhece tão pouco"[28]. É inovador o magistério do autor: "Qual é a pior prisão do mundo? É aquela que aprisiona o ser humano por fora ou por dentro? É aquela que acorrenta seu corpo ou aprisiona sua alma? A pior prisão do mundo não é a que restringe os movimentos do corpo, mas que confina os pensamentos e controla a emoção, conseqüentemente, engessa capacidade de pensar e impede a poesia da vida". Diz mais: "A vida humana não suporta ser aprisionada. A liberdade é um embrião que habita na alma humana e não pode morrer"[29].

O douto *Osmar Medeiros* averba: "Os pensamentos impulsionam a nossa vontade para o aperfeiçoamento da nossa vida corporal e espiritual". Diz mais: "Portanto, tudo começa pelo pensamento". E cita *Voltaire:* "O mundo está cheio de gente de talento que não sabe como pensar"[30].

A pessoa deve fechar totalmente seu pensamento para os fatos pessimistas ou negativistas que não puder modificar para desenvolver em sua mente positiva, construtiva e criadora, horizontes em sintonia com o *bem.*

A *personalidade,* do latim, *personalis,* pessoal, individualidade, racionalidade, consciência, envolve todo o ser humano e distingue-o dos demais.

O jurista *Décio Ferraz Alvim,* define: "A personalidade é o que constitui ou caracteriza a pessoa, o indivíduo consciente, racional e livre"[31].

Assim, a pessoa como titular de uma personalidade deve utilizar o cenário social em harmonia com o direito, com a alegria da vida, nunca a tristeza do corredor da morte!

---

(27) *Op. cit.,* p. 47.
(28) CURY, Augusto J. *Treinando a ...,* cit., p. 150.
(29) CURY, Augusto J. *A pior prisão do mundo,* 5ª ed. São Paulo: Academia de Inteligência, 2000, pp. 11 e 31.
(30) MEDEIROS, Osmar. *Saber pensar...,* cit., p. 13.
(31) ALVIM, Décio Ferraz. *Direito Civil...,* cit., p. 10.

O tratadista *Antônio Jeová Santos*, ensina: "A *dignidade* há de ser considerada como grandeza, honestidade, decoro e virtude"[32].

Logo, todos podem exercer a *lei da conscienciologia*, isto é, a pessoa dotada de uma mente consciente ou racional poderá adotar, *sempre e sem parar*, o modelo de conduta descrita na lei. É uma opção possível, querendo.

Portanto, o ser humano é *capaz* de pensar novos princípios éticos e culturais compatíveis com o direito de todos e pontuar melhor qualidade de vida no convívio com dignidade.

Alguém *normal* será contra a defesa da vida humana? A tribuna de defesa mais *nobre do mundo* é a do *bem* supremo: a *vida humana*. Todas as pessoas têm o direito de exercê-la 24 horas por dia. Nada custa, não se precisa de *mecanismo* especial e está sempre à disposição. Basta, apenas, querer.

3. Origem da *Vida* e da Conviviologia na Bíblia

Qual a origem da vida e da Conviviologia? Na concepção de muitos cientistas que aceitam a *teoria da evolução*, a vida sempre se constituiu de intensa competição, com contendas, ódios, guerras e morte.

O mais conhecido paladino da evolução, *Charles Darwin*, mostrou-se consciente das limitações de sua teoria. Na conclusão de sua "A Origem das Espécies", escreveu sobre a grandeza desta "forma de considerar a vida, com seus poderes diversos atribuídos primitivamente pelo Criador a um pequeno número de formas, ou mesmo a uma só, tornando assim evidente que o assunto das origens estava sujeito a exames adicionais" [33][34].

Os *criacionistas científicos* têm aversão a tais conclusões, mas a sua interpretação do relato de *Gênesis* sobre a criação os levam a afirmar que a Terra só tem 6.000 anos, e que os seis "*dias*" que *Gênesis* atribui à criação eram, cada um, de apenas 24 horas. Mas será que tal idéia representa com exatidão o que a Bíblia afirma?[35]

Não se questiona a Ciência. Os cientistas, em seus estudos, já realizaram verdadeiras e surpreendentes façanhas. Já mandaram o homem de ida e volta à lua. Continuam, ainda, seus estudos para des-

---

(32) SANTOS, Antônio Jeová. *Dano Moral Indenizável*, 2ª ed. ver. atual. e ampl. São Paulo: LEJUS, 1999, p. 38.
(33) Registra o Livro publicado em 29 idiomas: *A Vida — Qual a Sua Origem? A Evolução ou a Criação?*, Watchtower Bible and Tract Society of New York, Inc. International Biblie Students Associaqrion-Brooklyn, New York, USA. Sociedade Torre de Vigias de Bíblias e Tratados, São Paulo, Brasil, p. 8.
(34) *A Vida* ..., cit., pp. 8-9.
(35) *A Vida* ..., cit., pp. 8-9

cobrirem os mistérios de outros planetas. Entretanto, há que se procurar uma *teoria* para dar *resposta*, não só à criação da *Vida* e *Origem da Conviviologia*[36], mas também para harmonizar as relações no cenário da vida.

A *vida* e a *conviviologia* têm seus antecedentes históricos marcados na origem do mundo, seguindo-se a *Bíblia Sagrada*.

No princípio, criou Deus os céus e a terra (Gênesis 1). Não havia ainda nenhuma planta do campo na terra, pois ainda nenhuma erva do campo havia brotado; porque o *Senhor Deus* não fizera chover sobre a terra, e também não havia homem para lavrar o solo. Mas uma neblina subia da terra e regava toda a superfície do solo. Então, formou o *Senhor Deus* ao homem do pó da terra e lhe soprou nas narinas o fôlego de vida, e o homem passou a ser alma vivente. E plantou o *Senhor Deus* um jardim no "*Éden*", na direção do Oriente, e pôs nele o homem que havia formado. Do solo fez o *Senhor Deus* brotar toda sorte de árvores agradáveis à vista e boas para alimentos; e também a *árvore da vida* no meio do jardim e a *árvore do conhecimento* do *bem* e do *mal* (Gênesis 2:5-9).

A Bíblia, *Livro dos livros*, registra em *Gênesis*, que: *Havendo, pois, o Senhor Deus formado da terra todos os animais do campo e todas as aves dos céus, trouxe-os ao homem, para ver como este lhes chamaria; e o nome que o homem desse a todos os seres viventes, esse seria o nome deles. Deu nome o homem a todos os animais domésticos, às aves dos céus e a todos os animais selváticos; para o homem, todavia, não se achava uma auxiliadora que lhe fosse idônea* (Gênesis 2: 19-20).

Disse o *Senhor Deus*: "Não é bom que o homem esteja só; far-lhe-ei uma auxiliadora que lhe seja idônea". Então, o *Senhor Deus* fez cair pesado sono sobre o homem, e este adormeceu; tomou uma das costelas e fechou o lugar com carne. E a costela que o *Senhor Deus* tomara ao homem transformou-a numa mulher e lha trouxe. Por isso, deixa o homem pai e mãe e se una à sua mulher, tornando-se os dois uma só carne (Gênesis, 2:18, 21-22 e 24).

Assim, o *Senhor Deus* criou: *Adão* e *Eva*. Criada a *vida*, logo, começou a *convivência* entre as pessoas.

A vida é, certamente, a mais rica lição do saber.

O douto *Augusto Jorge Cury* enfatiza: "Quem quer ser um mestre precisa aprender a ser, antes de tudo, um grande aluno na escola da vida"[37].

---

(36) "A Conviviologia Jurídica é a *ciência* e a *arte* do convívio, bem-estar e conciliação que rege a vontade de pensar, criar e agir para produzir a paz e o entendimento entre as pessoas em suas dimensões de vida em harmonia com o direito", Altamiro J. dos Santos, in Direito Penal ..., cit., pp. 128/134. *Comissão de Conciliação Prévia — conviologia Jurídica* ..., cit., pp. 85/97. Direito Civil do Trânsito..., cit., pp. 334/337.
(37) CURY, Augusto J. *Treinando*..., cit., p. 23.

Norman Vicent Peale pontifica: "Precisamos acabar com a exaltação e agitação e tornar-nos serenos se quisermos ter força para viver bem. E que devemos fazer para conseguirmos esse objetivo?

O primeiro passo é reduzir o ritmo de nossa vida. Não percebemos o quanto ele se tem tornado acelerado. Muitas pessoas se destroem fisicamente com ritmo que imprimem a sua vida, mas, o que é ainda mais trágico, aniquilam também o espírito e a alma. É possível a uma pessoa viver fisicamente uma existência tranqüila e ainda manter um ritmo elevado emotivamente"[38].

Não se pode transformar a vida em uma floresta de desespero em vencer o tempo, com a velocidade da destruição da vida em uma fração tão pequena de tempo.

Ou como diz o tratadista *Augusto Jorge Cury:* "Sua vida talvez tenha se transformado num canteiro de *stress.* Talvez você não saiba mais o que é ser espontâneo, livre e solto. Talvez você tenha desaprendido a ser alegre e simples e nem saiba mais fazer coisas fora de sua agenda, ainda que seja um jovem. Talvez você pense muito e sinta pouco, precise de grandes estímulos para se emocionar"[39].

4. Origem da Vida Humana na Biologia, Medicina e Mistérios no Cenário da Conviviologia

A *vida humana* é o patrimônio de maior valor da natureza, por isso é interessante saber como ela começa e se desenvolve consoante os princípios das Ciências Biológica e Médica.

Fritz Kahn com sua genialidade enfatiza "O desenvolvimento do homem" e a sua fecundação: "Nossa vida começa com um espetáculo esportivo, uma corrida de velocidade. Disputando a geração do ser humano, alinham-se até 225 milhões de espermatozóides no ponto de 'partida para a vida'; iniciada a carreira, lançam-se, a toda velocidade, disputando uma dura competição, uma carreira com a duração de cerca de oito horas, cuja meta é o óvulo materno. Aquele dos 225 milhões de atletas masculinos que atingir primeiro o óvulo e o fecundar será o detentor do grande prêmio — a Vida. Todos os restantes perecerão. Com efeito, assim que o primeiro espermatozóide invadir o óvulo, congela-se, atrás dele, a película ovular, fecham-se os poros, e os retardatários, aglomerados ante a porta fechada, continuam a se agitar e esfalfam-se até a morte.

A corrida dos espermatozóides em direção ao óvulo é uma disputa verdadeiramente decisiva. O que mais velozmente vencer o extenso

---

(38) *Op. cit.,* p. 91.
(39) *Op. cit.,* p. 18.

trajeto, o que, em sua corrida, farejar primeiro o óvulo oculto, do qual se desprende uma leve emanação aromática, o que se revelar não só o melhor corredor, como o descobridor mais afortunado e, chegando à testa do grupo vanguardeiro, ainda tiver forças para perfurar mais rapidamente o invólucro ovular, esse tríplice vencedor é que receberá o prêmio, esse é que chegará a ser o filho de seus pais. Do mesmo modo como em nossas pelejas esportivas, também aqui correm injustiças, azares, infortúnios e vantagens imerecidas.

Não é, absolutamente, sempre o melhor espermatozóide o que logra se reproduzir. No entanto, calculando-se os bilhões de casos da vida real, também aqui como no esporte humano, o resultado final costuma ser justo"[40][41].

José Coimbra Duarte, versando sobre "células reprodutoras: formação de uma nova vida", sintetiza a origem da vida, assim: "Nosso corpo é formado por muitos trilhões de células que se agrupam para constituir os tecidos. Em tão grande número de células dois tipos há — os gametas, masculinos e femininos, que possuem função de relevante — importância: gerar novos indivíduos"[42].

Espermatozóide e óvulo exercem relevantes funções na formação da vida humana. Por isso mesmo, deve-se saber o que é cada um deles.

---

(40) KAHN, Fritz. *O Corpo Humano*, 6ª ed. Tradução do Dr. J. Clemente de Almeida Moura, vol. 1º, Rio de Janeiro: Brasileira, 1966, pp. 21 a 23. *Fritz Kahn* diz que: "Uma vez tendo invadido o ovo, o foguete espermático desprende a sua longa cauda, mas o segmento intermediário, ou seja, o motor, é posto a funcionar ao máximo, irradiando energia para todos os lados. Tal como um quebra-gelo a romper caminho para um navio, abre, para sua cabeça carregada de cromatina, um corredor através dos blocos de plasma, demandando o núcleo da célula.
A viagem do espermatozóide, desde a periferia até o centro do óvulo, dura cinco minutos. Finalmente, defrontam-se dois núcleos, irradiados por seus corpúsculos centrais, como por dois verdadeiros sóis. Sua cromatina apresenta-se sob a forma de grânulos, estes organizam-se em faixa, desaparecendo, então, os invólucros nucleares; situadas livremente, lado a lado, eis ambas as células, em plena liberdade, começando a se entre devorar — este é o instante decisivo na vida do homem, pois é este momento que será determinada a sua estrutura. É o momento em que realmente será constituído o seu caráter, que toda a ulterior experiência e todas as artes da educação apenas irão modificar muito superficialmente. E nestes minutos que o material genético paterno e o materno plasmam o arcabouço da personalidade.
Pode-se comparar este ato ao de embaralhar e dar as cartas no início de uma partida quando são distribuídos aos trunfos, os azes e as cartas em valor; o jogo que começa neste instante e que, por bem ou por mal, teremos de aceitar com os naipes e as cartas que nos couberam por sorte, é o jogo da própria vida, dois seres completamente diferentes, um homem e uma mulher, misturam, neste instante, as respectivas metades do caráter da cada um, as quais acabaram de ser sorteadas". *Op. cit.*, pp. 22-3.
(41) *Op. cit.*, pp. 22 e 23.
(42) DUARTE, José Coimbra. *O Corpo Humano*, 8ª ed. São Paulo: Nacional, 1971, p. 172.

O autor, define: "O espermatozóide é uma célula móvel, graças aos movimentos ondulares de sua cauda, podendo pois se deslocar em direção ao óvulo, nadando em secreções especiais dos organismos masculinos e femininos.

Mede 50 a 70 (cerca de um vigésimo de milímetro) de comprimento e apresenta-se ao microscópio como um fio.

O óculo é uma célula duas vezes maior que o espermatozóide, pois seu diâmetro é quase um sétimo de milímetro"[43].

O que é uma célula? É *José Coimbra Duarte*, quem responde: "As células são consideradas como a menor porção viva do organismo e são tão pequenas que somente podem ser vistas depois de aumentadas centenas de vezes pelo microscópio (Célula é a unidade morfológica e fisiológica da estrutura dos seres vivos)"[44].

A. Almeida Júnior, estudioso dos elementos de anatomia e fisiologia humanas diz que: "Os seres vivos, plantas ou animais, são um agregado de elementos pequeníssimos, denominados células. Há seres constituídos por uma célula única: chamam-se Protofitas quando vegetais; Protozoários quando animais. Os seres com muitas células recebem o nome de Metafitas se do reino vegetal, e Metazoários se do reino animal.

O homem, como metazoário que é, tem o corpo formado de células, cujo número se avalia em cerca de 100 quatrilhões"[45].

Portanto, o bem supremo: a vida, deve merecer uma reflexão maior de todos.

Augusto Jorge Cury aponta um perfil da história da grande corrida pela vida: "Um dia você foi qualificado para entrar na maior corrida de todos os tempos. Eram milhões de concorrentes. Pense nesse número. Quase todos tinham o mesmo potencial para vencer e só um venceria. Você era mais um deles. Analise quais seriam as suas chances. Zero vírgula zero, zero alguma coisa. Suas chances eram quase inexistentes. Você nunca foi tão próximo do zero.

Você tinha tudo para ser um derrotado. Nunca o fracasso bateu tão perto de suas portas. Porém não podia perder essa corrida, caso contrário, perderia o maior prêmio da história, a vida. Nesse caso, outra pessoa estaria sentada em sua cadeira lendo este livro; outro ser estaria ocupando seu lugar no palco da existência.

---

(43) *Idem, ibidem*, p. 173.
(44) *Idem, ibidem*, p. 13.
(45) ALMEIDA Jr., A. *Elementos de Anatomia e Fisiologia Humanas*, 37ª ed. São Paulo: Nacional, 1973, p. 19.

Que corrida é esta? A corrida pela vida. Eram milhões de espermatozóides para fecundar apenas um óvulo e ter o direito de formar uma vida. E você estava lá como o mais teimoso ser da história acreditando que poderia vencer. Você nunca foi tão sonhador! Hoje você, talvez, sonhe pouco. Naquela época você sonhava quase impossível.

Se outro espermatozóide tivesse fecundado o óvulo, outra pessoa, e não você, teria sido formada. Você estaria banido para sempre das páginas da vida. Não teria olhos para ver o sol e nem emoção para ter amigos. Naquela época você era pequeníssimo: milhares de vezes menor que um grão de areia. Era pequeno e incompleto, mas sua capacidade de luta pela vida era espantosa. Seu programa genético determinou que você não poderia morrer, que precisaria fecundar o óvulo no útero da sua mãe. Só assim seria um ser completo. Ansioso, você partiu para o alvo.

Era o maior concurso da história, a mais árdua corrida disputada por um ser vivo"[46]. O cientista acrescenta: "Precisamos aprender a pensar com qualidade. Os que agem sem pensar tumultuam o ambiente, os que pensam excessivamente desgastam-se muito e, algumas vezes, caem nas raias da omissão. Pensar e agir devem rimar na mesma poesia. Ninguém pode acalmar as águas da emoção se não aprender a controlar a agitação dos seus pensamentos"[47].

É certo que nenhum ser humano, já nasceu vitorioso e ganhou o maior prêmio do mundo: *a vida*. Não se consegue entender que *ele* venha tornar-se derrotado no cenário do seu convívio, depois de conquistar seu maior troféu: o *direito de viver;* mas impensadamente resolva ceifar esse *bem supremo* de seu semelhante.

Os animais não se matam, mas preservam e protegem a sua espécie.

O jurista *Souza Neto*, analisa o "Motivo: mistério da vida e segredos da alma humana" com sua autoridade científica e apresenta magnífica colocação sobre a vida.

Diz ele: "O homem ... Que é que engendra a sua vontade, como se formam os seus afetos, porque é que ama e odeia tanto, por que resiste à mais negra miséria e não suporta a mais tênue ofensa moral, por que obedece à voz do *sangue* em vez de ouvir a *voz* da razão, por que é que o pedaço da terra onde nasceu vale mais do que o lugar sagrado em que surgiu o seu Deus?

É em virtude dos ineslutáveis imperativos da Vida? Mas que é a Vida? É mistério? É fatalidade? O ser humano ama, ou mata, segundo

---
(46) CURY, Augusto J. *Treinando...*, cit., pp. 15-16.
(47) *Idem, ibidem*, p. 18.

princípios que regem a queda do raio e os abalos dos terremotos? É lei desconhecida? Por que Otelo suprimiu a vida de Desdêmona e por que Jesus Cristo azorragou os vendilhões do Templo?"[48].

E para responder, inicialmente, *Souza Neto* escuda-se no ensinamento de *Baldassare Cocurullo*: "partindo do pressuposto de que a arte é o grito sincero da vida, diz que Hamlet, Otelo, Cláudio, Fedra e Oreste não são tipos criminosos (*I moventia deliquere*, pp. 17-18), sendo lançados no céu, ou no inferno, pelas tragédias da vida, tragédias de ideal, de aspiração, de trabalho no interior". E acrescenta: "É, pois, nessas tragédias da vida, no *passionalismo* da existência e nos dramas biológicos e mentais que devemos lançar as sondas dos criminólogos. Medir a força do indivíduo, comensurar a violência dos seus instintos, calcular os imponderáveis que movem universos, desvendar os segredos de que se envolveram o destino humano, julgar a legitimidade de seus deveres e aspirações, conhecer a extensão e o poder valorativo da consciência social e a capacidade *selecionativa* do homem, eis as tarefas essenciais do criminólogo"[49]. E continua o autor: "Para os seres humanos, que é o heroísmo? Que é crime diante do insondável mistério da alma humana? 'Vontà e perdidia, amore ed odio (*B. Cocurullo, op. cit.*, p. 20), eroismo e delitto, ecco il mistero della vita, ecco la materia dell'arte, ecco l'oggetto della scienza, ecco il grido di gioia e di dolore dell'umanità'.

Simplesmente, o homem renuncia à tarefa de desvendar esses segredos de sua alma, mas, no tocante ao crime, empertiga-se e sentencia: O *crime é a violação da lei penal*. Sua causa? *É a vontade do homem*. Mas por que não procura 'estudar o delito na trágica e misteriosa fonte da alma humana', na mais profunda psicologia da sua espécie e na complexidade da vida social, descobrindo-lhe as causas verdadeiras? Por que é que o heroísmo exalta e engrandece a sociedade e o crime a enluta e desagrega? É por causa dos seus efeitos? Ou é em virtude de suas causas, de seus motivos? Se se condena o delinqüente apenas em virtude dos efeitos de seus delitos, não vemos razão para não se proceder do mesmo modo contra o raio, contra as tempestades, contra os imaturos, contra os loucos e contra as feras. Cremos que, em função dos motivos, que se confundem com os *fins conscientes*, é que o ato heróico é digno de aplausos, o crime passível de censura e o ato da Natureza *indiferente* penal e socialmente. O que não se deve perder de vista é a tragédia, o sofrimento, a dor, o passionalismo, o desespero, consciente ou inconsciente. A tragédia e o mistério não estão entre os

---

(48) SOUZA NETO. *O Motivo e o Dolo*, 2ª ed. Rio de Janeiro: Freitas Bastos, 1956, pp. 39-40.
(49) *Op. cit.*, p. 40.

motivos, na batalha das representações, em suma, no duelo travado entre as forças de projeção e de precipitação e as de inibição e de contenção"[50] (grifos do autor).

O Professor *Juan José Mouriño Mosquera*, da UF/RS e PUC/RS, afirma, *ipsis litteris*: "A vida daquele que compreende torna-se extraordinariamente interessante e intensa. Todo instante está rodeado de uma magia que convida à meditação. ... (*Zylberbaum*, 1975, p. 95)".

Cita ainda, *Iakobson*, autor russo, que afirma: "A vida emocional e os sentimentos do ser humano — a sua dor, ira, alegria, amor ... despertaram desde há muito tempo um grande interesse entre os homens. Isto é compreensível porque são os traços do comportamento humano em diferentes circunstâncias de sua vida, nas relações com o meio ambiente e a natureza. ...(*Iakobson*, 1959, p. 9)"[51].

Augusto Jorge Cury reconhece interessante aspectologia sobre o *sentido da vida*: "A vida humana é um mistério insondável". O autor questiona: "Vocês não acham que pensar é uma experiência fantástica? Que o fato de possuírmos sentimentos de alegria, paz, amor e até mesmo angústia, ansiedade e sentimento de culpa é um mistério incalculável? E o fato de brotar instantaneamente no palco de nossas inteligências um universo de impulsos e desejos, não retrata também um grande mistério?" O mestre *pontua*: "Gastem tempo observando, contemplando as pessoas. Se fizerem isso, será impossível não vislumbrarem como a vida que possuímos, independentemente dos atropelos, é *encantadora* e *misteriosa*.

Porém, apesar de a vida humana possuir um valor inestimável, ela tem sido vivida pela maioria de nós de maneira superficial e insignificante". Diz mais: "Tão insignificante, que vivemos quase que exclusivamente em função do '*ter*' e não do '*ser*', ou seja, em função de ter dinheiro, sucesso social, um bom carro, andar no rigor da moda, mas não em função do ser alegre, tranqüilo, coerente, tolerante.

O resultado dessa trajetória vazia, qual é? A farmacodependência, os sintomas psicossomáticos, a solidão, a violência. No que tange à violência e às violações dos direitos humanos, a crise é dramática. É com pesar que podemos constatar que um código de leis, que estabelece os limites dos cidadãos em uma sociedade, é insuficiente para controlá-los, sendo necessária a presença impositiva de um batalhão de policiais para garantir o cumprimento dessas leis. E, como isso ainda é insuficiente, as sociedades necessitam de grande número de presídios, para poder punir

---

(50) *Idem, ibidem,* pp. 40-1.
(51) MOSQUERA, Juan José Mouriño.*O professor como pessoa*, 2ª ed. Porto Alegre: Sulina, 1978, pp. 23 e 24-5.

os que acabam infringindo as leis. O *homem pensante* é capaz de ser mais violento do que os animais irracionais"[52] (grifa-se).

Por que, então, o produtor do *mal* não pode mudar de atitude, pensar e produzir o *bem*?

Seção II
Do Direito à Vida

1. Análise Preliminar

A vida humana é o bem supremo tutelado pelo Direito. Asseguram-se direitos à vida a partir da concepção. E, ainda, a lei, mesmo após a morte, continua a tutelar o cadáver e a sua sepultura.

A *Carta Magna da República* assegura a proteção máxima dos direitos e garantias individuais e sociais, elencando em primeiro lugar, a *vida*, seguindo-se a liberdade, a igualdade, a segurança e a propriedade (CF, art. 5º, *caput*).

O interlocutor social deve meditar e pensar suas emoções antes de agir ou reagir diante dos desafios da vida na prática de suas ações ou omissões, normalmente comandadas pela própria vontade, não só quanto aos seus *direitos*, senão também quanto a seus *deveres* em todos os níveis de sua conduta. Não deve, igualmente, esquecer-se das duras conseqüências do descumprimento da lei. Nunca deve tornar-se ofensor do Direito.

Será que o crime compensa? Vincadamente, concluirá que melhor, mesmo, é construir o bem, nunca o mal, no cenário nobre do direito de viver feliz no exercício da cidadania, dignidade, liberdade, igualdade e segurança em todas as dimensões da vida.

2. Direito Universal e Constitucional

O Direito à vida é consagrado no Direito Natural, Positivo Universal e em todas as Constituições brasileiras.

A *Declaração Universal dos Direitos Humanos*, reconhece o direito à vida, o princípio da isonomia e o direito à segurança pessoal:

"Art. III — *Todo homem tem direito à vida, à liberdade e à segurança pessoal.*"

---

(52) CURY, Augusto J. *A pior prisão do mundo.* 5ª ed. São Paulo: Academia de Inteligência, 2000, pp. 186-7.

Sahid Maluf enfatiza o direito à vida, a respeito das garantias expressas no art. 153 da CF de 1967 e Emenda n. 1, de 1969, *expressis verbis*: "O primeiro dos direitos cuja garantia ressalta nos termos do art. 153 é o direito à vida, que, aliás, pressupõe todos os outros direitos"[53]. Cita ainda *Nogueira Itagiba*, que em evidência axiomática frisa: "excluído o direito à vida, não se necessitaria falar em direito à liberdade, à segurança individual e à propriedade"[54].

Na lição de *Wolgran Junqueira Ferreira*: "É lamentável que a Constituição apenas garanta o direito à vida, quando ao menos programaticamente devesse garantir não só a vida como também o modo de viver, assegurando a todos os brasileiros e estrangeiros residentes o direito de uma *vida digna*. Nada mais estaria fazendo além de absorver princípios contidos em Declarações Universais de Direitos do Homem de que o Brasil é signatário"[55].

Manoel Gonçalves Ferreira Filho, reconhece o direito à vida, como o primeiro e fundamental dos quatro direitos do elenco constitucional: "Direitos Reconhecidos — A Constituição reconhece como fundamentais quatro direitos: o direito à vida, à liberdade, à segurança e à propriedade"[56][57].

A professora *Rosah Russomano*, pontua: "Essa realidade da filosofia cristã, condensada na célebre máxima — Dai a César o que é de César e a Deus o que é de Deus', revelou encontrar-se na vida de todos os homens duas dimensões. Uma submetida à tutela do Estado. Outra desvinculada da autoridade estatal"[58].

Em magistral análise, *Pontes de Miranda*, averba o direito à vida, como *supra-estatal*: "Os direitos *fundamentais supra-estatais* são direitos declarados, direitos que preexistem à ordem jurídica do Estado,

---

(53) MALUF, Sahid. *Curso de Direito Constitucional*, vol. 2º, São Paulo: Sugestões Literárias, 1970, p. 347.
(54) *Idem, ibidem*, p. 347.
(55) FEREIRA, Wolgran Junqueira. *Elementos de Direito Constitucional*, vol. III, São Paulo: Pratense, 1972, p. 520.
(56) FERREIRA FILHO, Manoel Gonçalves. *Comentários à Constituição Brasileira: Emenda Constitucional*, n. 1, de 17 de outubro de 1969, vol. 3º, São Paulo: Saraiva, 1972-1975, p. 80.
(57) Abordando as garantias constitucionais *Pinto Ferreira*, sustenta: "Os direitos do homem nenhuma validade prática têm caso não se efetivem determinadas garantias para a sua proteção. As declarações enunciam os principais direitos do homem, enquanto as garantias constitucionais são os instrumentos práticos ou os expedientes que asseguram os direitos enunciados". *Curso de Direito Constitucional*, 2º vol., São Paulo: Saraiva, 1974, p. 535.
(58) RUSSOMANO, Rosah. *Curso de Direito Constitucional*, 4ª ed., rev. atual. e atualizada até a Emenda n. 24, de 1º.12.83. Rio de Janeiro: Freitas Bastos, 1984, p. 201.

são direitos de outra ordem jurídica, e as regras jurídicas, que os consagram, são regras jurídicas declaratórias"[59] (grifa-se).

O Ministro *José Celso de Mello Filho*, destaca: "A ordem constitucional assegura a inviolabilidade ...: a) direito à vida ..."[60].

Logo, não se pode mais continuar com esse cenário de destruição da vida humana.

3. A Vida na Ótica do Jurista

Os facínoras do mundo do crime, sem assegurar qualquer direito de defesa, condenam suas vítimas e eles mesmos as executam no cenário do terror. Hoje, o mundo, inclusive os países desenvolvidos, como os Estados Unidos, estão sendo atingidos por fenômenos criminógenos, nunca antes imaginados, como o de 11 de setembro de 2001 que ceifou milhares de vidas humanas nas Torres gêmeas do *World Trade Center* e *Pentágono*. No dia 11 de março de 2004, outra tragédia na Espanha, destruindo mais 191 seres humanos, inclusive um brasileiro. Até quando os produtores do *bem* terão de suportar trágicas ações terroristas dos produtores do *mal*?

O jurista, como profissional do direito, exerce uma nobre missão, contribuindo com o legislador e com as autoridades, de todos os níveis, para encontrar remédio jurídico que possa frear o poder paralelo da violência, da criminalidade, do terrorismo, da morte no universo e superar a sensação de crise do poder jurídico constituído pelas autoridades para assegurarem a convivência pacífica de todos em sociedade.

Portanto, é sumamente relevante, repensar e fazer-se uma releitura da escola da *vida*.

O jurista *Nélson Hungria*, Ministro do Supremo Tribunal Federal, pontua: "A vida é variedade infinita e nunca lhe assentam como irrepreensível justeza as 'roupas feitas' da lei e os figurinos da doutrina. Se o juiz não dá de si, para dizer o direito em face da diversidade de cada caso, a sua justiça será a do leito de Procusto: ao invés de medir-se com os fatos, estes é que terão de medir-se com ela".[61]

Diz mais o cientista do Direito Penal pátrio: "A vida não é para os teoremas, mas estes para aquela. Não o que a lógica exige, mas o que a vida, o convívio dos homens e o sentimento jurídico reclamam é que deve acontecer, seja ou não possível dentro da lógica. Os romanos

---

(59) MIRANDA, Pontes. *Comentários à Constituição de 1967*, com a Emenda Constitucional n. 1, de 1969, tomo IV, São Paulo: Revista dos Tribunais, 1970, p. 628.
(60) MELLO FILHO, José Celso de. *Constituição Federal Anotada*, 2ª ed. São Paulo: Saraiva, 1986, p. 425.
(61) HUNGRIA, Nélson. *Comentários ao Código Penal*, 4ª ed., vol. 1, tomo I, Rio de Janeiro: Forense, 1958, p. 69.

teriam merecido viver entre os sofistas de *Abdera*, se tivessem seguido outro critério, sacrificando os interesses da vida a uma dialética de escola. Não é verdadeiro jurista aquele que olvida o ensinamento de *Jellineck*: É impossível alcançar um resultado jurídico cientificamente aceitável, se se ignora inteiramente o conteúdo das *relações da vida*. A jurisprudência ou construção jurídica não perder a visão desse conteúdo, pois, do contrário, se abastardaria na escolástica, isto é, naquela diretriz do pensamento e da especulação que cria um mundo de noções sem realidade, de formas sem substância, de resultados sem valor"[62] (grifa-se).

Augusto Jorge Cury aponta uma *espécie humana desconectada da natureza*: "Uma outra atitude que tem gerado tantas desordens psicossociais nas sociedades modernas é a desconexão cada vez mais profunda da espécie humana com a natureza.

O homem tem muito a aprender com o comportamento das espécies contidas nos ecossistemas. Por exemplo, os pássaros, às vezes, durante a madrugada, sofrem intensas agressões do meio ambiente: frio intenso, ventos impetuosos, chuvas torrenciais, etc. Eles têm todos os motivos para despertar silenciosos, angustiados, pela manhã. Mas, ao invés disso, eles cantam, rejubilam.

Nós, muitas vezes, reagimos diferentemente. Diante dos obstá-culos que a vida nos traz ou que criamos em nossas próprias mentes, ficamos deprimidos, ansiosos". Diz ainda: "Somos a única espécie inteligente da natureza, mas não somos a mais feliz. Somos a única que tem consciência de que pensa e que pode gerenciar a construção das idéias, mas, paradoxalmente, temos pouca habilidade de administrar os focos de tensão, e pouca consciência das dores e necessidades dos outros. As faculdades de Psicologia multiplicam-se, mas o homem moderno não é mais sábio e solidário do que o homem dos séculos passados, ao contrário, a crise do diálogo, o individualismo e a competição predatória espalham-se como nunca.

A graça, a habilidade e o encanto das cores, dos movimentos, das interações e dos mecanismos de sobrevivência das espécies dos ecossistemas deveriam ser uma fonte saudável e, até certo ponto, insubstituível para as crianças se divertirem, serem educadas e aprenderem a valorizar suas vidas. Mas não o é". E por derradeiro, enfatiza: "A espécie humana é a única que mata pelo prazer de matar, sem qualquer necessidade; que se aprisiona, embora ame desesperadamente a liberdade; que se droga, embora deteste o cárcere da emoção. É a única espécie cujos membros podem perder o prazer de viver e desistir de sua própria vida.

---

(62) *Op. cit.*, pp. 99-100.

Para onde caminhamos? Que tipo de futuro se abre neste terceiro milênio para este espécie que possui a racionalidade, mas não honra a arte de pensar? Todos somos responsáveis individualmente pelo destino de nossas vidas"[63].

4. Fundamentos Jurídicos

4.1. Análise Preliminar [64]

Há que se refletir a respeito do cenário da guerra do *bem* x *mal*, assim como do *justo* e do *injusto*, do *certo* e do *errado*.

4.2. Direito à Vida

A *Lex Legum* = Lei das Leis: Constituição Federal, consagra, o direito à vida, à liberdade e à segurança, desde a Constituição do Império, de 24 de março de 1824 à *Lex Magna* de 5 de outubro de 1988.

Antônio Chaves, cita *José Ferrater Mora*, que define a vida (no verbete "Vida", de seu compendioso *Dicionário de Filosofia*, Buenos Aires, Sudamericana, pp. 1.401-1.405) lembrando que desde a antiguidade distingue-se com maior ou menor precisão entre a vida biológica e a vida propriamente humana, invoca *Aristóteles*, sustentando que o viver não está inteiramente alienado ao pensar. O estudo da vida não pertence à Física nem à História Natural, mas à "Psicologia" que não era, como atualmente, uma ciência de uma certa realidade ou de determinados comportamentos, mas o saber a respeito do que é a forma e o princípio de realidade nos seres vivos. A vida, em suma é algo que oscila entre um interior e um exterior, entre uma *"alma"* e um "corpo"[65].

Por oportuno, o jurista *Benedito Alves Barbosa*, averba: "A pessoa humana já não mais vem sendo medida pelas suas qualidades virtuais, já não interessa muito a superioridade espiritual, moral, educacional, intelectual, técnica, profissional do homem"[66].

E diz mais o mestre: "Deus não dá aos assassinos o direito de viver a fim de que façam a consumação da imolação de inocentes e pessoas de bem, sob o objetivo de exemplificar o dever de respeito à vida humana e à fé Cristã. A Justiça de Deus não se manifesta, pelo homem, através

---

(63) CURY, Augusto Jorge. *A pior prisão...*, cit., pp. 192-4.
(64) Altamiro J. dos Santos, redimensiona as conclusões de sua *tese*: "Legítima Defesa Social e Direito à Vida", apresentada e acolhida no VII Congresso Brasileiro de Direito Constitucional, realizado em Porto Alegre, em 1987. In: *Revista Trimestral de Jurisprudência dos Estados*. São Paulo: Velenich, 1988, pp. 57 *usque* 65.
(65) CHAVES, Antônio. *Direito à Vida e ao Próprio Corpo*. São Paulo: Revista dos Tribunais, 1986, p. 9.
(66) BARBOSA, Benedito Alves. *O Direito de Viver e a Pena de Morte*. São Paulo: Julex, 1985, p. 28.

de violência em detrimento das pessoas de bem. Ela manifesta-se através da perseverança do homem na conservação das virtudes em que se fundamentam os princípios ideais de convivência social.

O advento de Jesus Cristo ao mundo jamais teve por fundamento o desígnio de subtrair para Deus a exclusividade de punir homicidas e assassinos"[67].

O direito à vida como o *maior*, grita de súplica e brada por socorro à sua defesa diante de tantos facínoras. O jurista *Jorge Krieger de Mello* lembra: "O direito de defesa é o direito de defesa dos valores. ... Não será isto a violência dos direitos humanos?

Não cremos. É isto sim, a legítima defesa da sociedade brasileira, tão arraigada em seus respeitáveis princípios religiosos e na sua tradição de condescendência e perdão"[68].

No mesmo sentido é o magistério de *Benedito Alves Barbosa*: "Estabeleceu-se uma guerra violenta entre os criminosos e o povo, na qual apenas os bandidos têm armas. Os cidadãos entram com suas vidas"[69].

5. A Vida, *Bem Supremo*

O Jurista *Evandro Lins e Silva*, em palestra proferida no "Ciclo de Conferência Sobral Pinto — Pena de Morte no Brasil", realizada em 20 de agosto de 1991, no auditório do Edifício Castelo Branco, em Curitiba (PR), com a propriedade de saber científico, afirma: "A vida é o bem primeiro, do qual todos os direitos decorrem, é o valor máximo da so-ciedade e do homem, a ser respeitado por todos e em particular pelo próprio Estado"[70].

O jurista *René Ariel Dotti*, tratando sobre "Ocaso de um Mito", mostra com clareza que: "A lei, portanto, não é o único porém um dos meios na luta contra a violência e a criminalidade"[71].

Luciano Mendes de Almeida, em valioso estudo sobre o "Direito à Vida e Pena de Morte", destaca: "Deve-se, portanto, investir no alicerce da vida familiar, na promoção de condições dignas para o desenvolvimento de cada cidadão e na ação educativa que ensine o valor da pessoa, o reto uso da liberdade e a fidelidade às exigências éticas que pautam a convivência humana"[72].

A vida como *bem supremo* é o valor maior da sociedade.

---

(67) *Idem, ibidem*, pp. 28-9.
(68) MELLO, Jorge Krieger de. *Pena de Morte Perigo ou Necessidade? Dilema de uma Nação*. Porto Alegre: Planusgraf, 1976, p. 34.
(69) BARBOSA, Benedito Alves. *Op. cit.*, p. 132.
(70) *Idem, ibidem*, p. 15.
(71) *Idem, ibidem*, p. 28.
(72) ALMEIDA, Luciano Mendes de. *Comentários à Constituição Brasileira de 1988*. Rio de Janeiro: Forense, 1988, p. 166.

Seção III
Dos Princípios Ético-Culturais do Modelo Jurídico de Conduta

1. Análise Preliminar

É absolutamente essencial que se pense e cultive a prática de novos princípios ético-culturais para harmonizar-se com o modelo jurídico de conduta humana, ou seja, o modelo descrito na lei. É tão importante que se adote definitivamente a norma jurídica como diapasão para afinar as atitudes das pessoas, que pode salvar vida e prevenir violência psicofísica, muitas vezes, trágicas que numa fração de *um minuto* pode mutilar o ser humano para sempre, *ad exemplum:* os acidentes de trânsito nas *vias terrestres*, já que todas as pessoas as utilizam como condutor, pedestre ou passageiro.

2. Princípios Ético-Culturais do Modelo Jurídico de Conduta

O ser humano não nasceu para conviver isolado ou só no mundo. Por isso, *ele* precisa de normas que apontem o seu modelo de conduta de convívio em família, comunidade e sociedade.

O cientista de direito *Roberto de Ruggiero*, Professor da Universidade Real de Roma, ensina: "O direito é a norma das ações humanas na vida social, estabelecida por uma organização soberana e imposta coativamente à observância de todos". Diz mais: "Mas a natureza humana, como base e fundamento do direito, não é a do homem em estado selvagem e de isolamento. Para realização do bem e para a obtenção do fim supremo, que é a perfeição, o homem tem necessidade de viver, não em estado isolado, mas em relação com os seus semelhantes. Nasce já no meio da família; torna-se membro de um grupo e depois, através de grupos cada vez maiores, do Estado e de toda a so-ciedade; é um ser social. Ora é desta natureza social do homem que resulta o direito. Aqueles fins que o indivíduo não podia atingir só com as suas forças, atinge-os pela convivência social e pela cooperação dos seus semelhantes. No seio desta convivência integram-se as forças de cada um com as forças dos outros e, por este processo contínuo de integração, se alcançam os fins desejados". Acrescenta o jurista: "A convivência exige uma *ordem*, para que a força individual de cada um possa integrar-se com a dos outros e todas, coordenadas harmonicamente, possam dirigir-se à obtenção do bem comum.

Essa ordem exige que a atividade de cada um seja disciplinada, coordenando-se e subordinando-se entre si, de modo que a de cada um seja não só possível à face da atividade alheia, mas útil e profícua no resultado final". Pontua ainda: "É pois, sobre o propósito de *ordem*, de *coexistência* e de *liberdade* que repousa o direito"[73] (grifos do autor).

A *Constituição Federal*, estabelece: "*Art. 2º — São Poderes da União, independentes e harmônicos entre si, o Legislativo, o Executivo e o Judiciário*". O Poder Legislativo é exercido pelo Congresso Nacional, que se compõe da Câmara dos Deputados e do Senado Federal (CF, art. 44). O processo legislativo de elaboração das leis no Brasil é tratado no art. 59 da *Carta Magna da República*.

O jurista *Pinto Ferreira*, aponta o fundador teórico da máxima da divisão das funções do poder político: "Montesquieu, seguindo a linha de Bolingbroke, Locke e outros, firmado na experiência inglesa dos freios e contrapesos, elaborou em seu livro 'Do espírito das leis'[74], de forma sugestiva, a teoria da separação de poderes segundo a qual às funções legislativa, executiva e judiciária devem corresponder órgãos autônomos e independentes e à divisão funcional deve corresponder uma divisão orgânica"[75].

O douto constitucionalista resume as funções de cada Poder: "Poder Legislativo é o que elabora, modifica, altera e emenda as leis, como ensina Watson. O referido Poder edita normas gerais, abstratas, impessoais, a que se dá genericamente o nome de leis, que regulam o comportamento das pessoas". No que tange ao "Poder Executivo administra a coisa pública e resolve casos concretos de acordo com as leis, não se limita à simples execução delas. Ele também exerce funções de governo, com atribuições políticas". E mais: "O Poder Judiciário tem por finalidade aplicar a lei a casos concretos, decidindo os conflitos de interesses. Através de juízes e tribunais o Estado substitui-se às partes envolvidas em conflito, intervém de forma substitutiva à vontade dos litigantes em rota de colisão, decidindo o direito a ser aplicado"[76].

O que é poder político?

O tratadista *J. H. Meirelles Teixeira* em magnífico trabalho científico para organizar e atualizar o texto da obra pela emérita jurista *Maria Garcia*, Professora de Direito Constitucional da PUC/SP e Presidente do Instituto Brasileiro de Direito Constitucional, define: "O poder político como a possibilidade concreta, que assiste a uma comunidade, de determinar o seu próprio modo de ser, os fins e os limites de sua atuação,

---

(73) RUGGIERO, Roberto de. *Instituições de direito civil*. Tradução da 6ª ed. italiana por Paolo Capitanio, atualização por Paulo Roberto Benasse, vol. I, São Paulo: Bookseller, 1999, pp. 30, 32 e 33.
(74) Montesquieu, *De l'esprit des lois*, cit., Paris, 1871 — o livro saiu inicialmente em 1748.
(75) PINTO FERREIRA. *Comentários à Constituição brasileira*, vol. 1, São Paulo: Saraiva, 1989, p. 40.
(76) *Op. cit.*, vol. 1, p. 38.

impondo-os, se necessário, a seus próprios membros, para consecução do Bem Comum"[77].

Pinto Ferreira define: "O poder político é uno e indivisível, porém se apresenta na prática dividido no exercício das funções institucionais que lhe são inerentes, deferidas a órgãos especializados e independentes do Estado, porém harmônicos, para assegurar a existência do próprio Estado"[78].

O *poder político*, exercido na *democracia pluralista*, por seus interlocutores, deve ser pontuado como essencial no Estado democrático de direito, na determinação do modo de ser de uma comunidade fundada em objetivos fundamentais da República, como: *construir uma sociedade livre, justa e solidária; garantir o desenvolvimento nacional; erradicar a pobreza, a marginalização, reduzir as desigualdades sociais e regionais; promover o bem de todos, sem preconceitos de origem, raça, sexo, cor, idade e quaisquer outras formas de discriminação* (CF, art. 3º, I a IV).

Só será possível a consecução desses objetivos se não tiver como *fonte* de atuação humana, limites vincados no modelo jurídico de conduta de todos seus membros, sinalizando alcançar o bem-estar comum no convívio pacífico de todos nos limites da lei elaborada, consoante a técnica legislativa.

Pinto Ferreira ensina: "Técnica legislativa é a arte de redigir leis"[79].

O que é lei?

Lei, deriva do latim *lex*, de *legere* — escrever. Etimologicamente: lei é o que está escrito.

O mestre De Plácido e Silva, define lei no sentido jurídico: "*É a regra jurídica escrita*, instituída pelo legislador, no cumprimento de um mandato, que lhe é outorgado pelo povo". E acrescenta: "A lei, pois, *é o preceito escrito*, formulado solenemente pela autoridade constituída, em função de um *poder*, que lhe é delegado pela *soberania popular*, que nela reside a suprema força do Estado.

E, *neste* sentido, diz-se o *commune praeceptum* ou *norma geral obrigatória*, instituída e imposta coercitivamente à obediência geral"[80] (grifos do autor).

---

(77) TEIXEIRA, J. H. Meirelles. *Curso de direito constitucional*. Rio de Janeiro: Forense, 1991, p. 202.
(78) PINTO FERREIRA. *Comentários à Constituição brasileira*, vol. 3, São Paulo: Saraiva, 1989, p. 41.
(79) *Op. cit.*, vol. 1, p. 161.
(80) SILVA, De Plácido e. *Vocabulário jurídico*, vol. III, Rio de Janeiro: Forense, 1967, p. 924.

Todas as pessoas estão sujeitas à lei. A *Lex Magnum* diz: "Ninguém será obrigado a fazer ou deixar de fazer alguma coisa senão em virtude de Lei" (CF, art. 5º, II). A *Lei de Introdução* o Código Civil n. 4.657/42, art. 3º define: "Ninguém se escusa de cumprir a lei, alegando que não a conhece".

Ad exemplum: modelo de conduta humana descrita na norma jurídica para ser adotada por todas as pessoas, o *Código Penal*, define:

"Art. 121. *Matar alguém: pena — reclusão, de 6 a 20 anos*". A pena pode alcançar a 30 anos.

Nos fundamentos e fins do *direito* e da *lei* assentam-se os pressupostos da Conviviologia Jurídica.

Portanto, o ser humano como titular de uma *mente criadora* é *fonte produtiva de pensamentos positivos* ou *negativos* que trabalha 24 horas por dia, *sempre e sem parar*. Tem duas funções: *a) consciente* ou racional ou objetiva: é a que escolhe, faz opções, usa os cinco sentidos; *b) subconsciente* ou irracional ou subjetiva: é a inteligência infinita que conhece tudo, independentemente, dos cinco sentidos. É a que trabalha 24 horas por dia e opera os pensamentos que a função consciente determina. As pessoas têm o *poder consciente* de escolherem os pensamentos que desejam que o *poder subconsciente* realize.

O cientista *Joseph Murphy* ensina como trabalha a mente humana: "Há dois planos em sua mente — o consciente ou racional e o subconsciente ou irracional. Você pensa com a mente consciente — e o que quer que comumente pense será absorvido por sua mente subconsciente, que cria imagens de acordo com a natureza dos seus pensamentos. O subconsciente é a saúde de suas emoções e também a mente criadora. Se você pensa coisas boas, acontecerão coisas boas. Se pensar coisas más, acontecerão coisas más. É assim que sua mente funciona". Diz mais: "Quando você começa a pensar e sentir da maneira certa, as conseqüências inevitáveis são paz de espírito e corpo saudável". Completa o mestre: "Os processos subconscientes são sempre construtivos e dirigidos para a vida. O subconsciente é o construtor do seu corpo e mantém todas as suas funções vitais. Está em funcionamento 24 horas por dia e nunca dorme. Está sempre tentando ajudá-lo e procurando preservá-lo de qualquer dano"[81]. O mestre aponta que *William James*, o pai da psicologia americana, disse que o poder de mover o mundo está no subconsciente: "A mente subconsciente possui infinita inteligência e sabedoria ilimitada. É alimentada por energias ocultas e é chamada de lei da vida. O que você grava em sua mente sub-

---

(81) MURPH, Joseph. *Poder do Subconsciente*. Tradução de A. B. Pinheiro de Lemos, 42ª ed., Rio de Janeiro: Record, 1997, pp. 30 e 100.

consciente, ela moverá céus e terras para tornar realidade. Você deve, portanto, incutir-lhe idéias certas e pensamentos construtivos"[82].

O cérebro é a parte material ou física. A mente é a parte criadora. Ensina *Albino Aresi*: "A mente é ambivalente: tanto atua sobre si mesmo como fora de si; é *reflexiva* (subjetiva) e *objetiva*. Pode concentrar-se, pensar e tirar conclusões, como agir sobre e além da matéria, do tempo e do espaço. Pode projetar o pensamento por meio de ondas neuro-energéticas e, até prever o futuro, sempre baseada em impressões passadas ou presentes, gravadas no cérebro. Capta tudo o que está no ar, o que impressiona os sentidos e, sobre estas impressões, prognostica o futuro.

Uma vez formadas as idéias, elas se projetam: a) *conscientemente*, através da fala, da gesticulação e dos sentidos; b) *inconscientemente*, através de movimentos involuntários do corpo (piscar, tremer, corar, vibrações das cordas vocais, etc.), ou por meio de vibrações neuroniais do inconsciente (psicocinesia, telergia, ectoplasmia...).

Nossa inteligência, supostas as condições biológicas, tem consciência de si mesma e, por meio do raciocínio e da intuição, tira conclusões sobre si e sobre o mundo externo. Nisto se baseia todo conhecimento humano, tanto normal como paranormal"[83] (grifos do autor).

Não é possível alcançar um padrão de atitude na convivência laboral e social, se não procurar aprender a usar a força da palavra que produz efeito direto no pensamento, especialmente, *antes de agir* ou *reagir* [84]; e, assim, conhecer os limites do modelo de conduta jurídica.

O cientista *Norman Vicent Peale*, cita *William James*, que afirmou: "A maior descoberta de minha geração é a de poderem as criaturas humanas modificar as atitudes do espírito"[85].

É sábia a lição de *Augusto Jorge Cury:* "Não é possível produzir homens maduros que sabem se conduzir se eles não aprendem a autocrítica, a *pensar antes de reagir*, a estabelecer *limites para seus comportamentos* e, principalmente, se não aprendem a desenvolver a sabedoria"[86] (grifa-se). *Gerenciar* a oportunidade negocial é uma arte que todos podem realizar. O douto cientista acrescenta: "Ninguém consegue interromper a produção de pensamentos! Só é possível gerenciá-la"[87].

---

(82) *Op. cit.*, p. 51.
(83) *Op. cit.*, vol. 1, pp. 24-5.
(84) *Joseph Murphy* ensina: "A lei da ação e reação é universal. Seu pensamento é ação e a reação é a resposta automática do seu subconsciente ao seu pensamento. Vigie os seus pensamentos!" *Poder do...*, Tradução de A. B. Pinheiro de Lemos. 42ª ed. Rio de Janeiro: Record, 1997, p. 58.
(85) PEALE, Norman Vicent. *Op. cit.*, pp. 36 e 195.
(86) CURY, Augusto Jorge. *A pior prisão...*, cit., pp. 191-2.
(87) CURY, Augusto Jorge. *Treinando...*, cit., pp. 24-5.

CONVIVIOLOGIA JURÍDICA E VALORES SOCIAIS DO TRABALHO-CAPITAL 47

Tudo tem seu tempo determinado. Há tempo para todo propósito debaixo do céu: há tempo de nascer e tempo de morrer; *tempo de chorar e tempo de rir; tempo de guerra e tempo de paz* (Bíblia: Ec. 3: 2, 4, 8).

Portanto, é possível pontuar, *sempre e sem parar, novos princípios culturais no cenário de entendimento entre as pessoas* para orientar a vida pessoal, familiar, social, profissional e política para alcançar a *tribuna da escola dos vencedores* no *presente* e no *futuro*.

Oportuno o magistério de *Augusto Jorge Cury* que pontifica: "Os prazeres mais ricos da existência, tais como a tranqüilidade, a amizade, o prazer de viver, o diálogo, a contemplação do belo, são conquistados pelo que somos e não pelo que temos. Infeliz é o homem que só consegue ser rodeado de pessoas pelo que tem e não pelo que é". Vinca mais: "É preciso enxergar as pequenas coisas para se ter prazer nas grandes"(88).

Nas pequenas oportunidades de administrar o tempo e exercer a arte da preferência do mais útil, pode estar o começo de grande sucesso. Basta gerenciar o pensamento com inteligência". *Augusto Cury* pontifica: "Gerenciar os pensamentos é gerenciar a liberdade de pensar, é ser livre para pensar, mas nunca escravo dessa liberdade.(89)

Todavia, no "cenário social, vive-se a sensação de violência, criminalidade, impunidade e um campo de batalha. A vítima entra com a vida e o protagonista com a violação do Direito". Simples? O pessimista *diz:* não. É difícil! O otimista *diz:* sim. É possível! Por isso, não prospera a prática da *lei da vantagem ilícita* para causar danos à *pessoa* e outros bens jurídicos, muitas vezes, trágicos e irreversíveis. Dificuldade e problema que desafiam a inteligência humana sempre afloraram solução que, muitas vezes, requer verdadeiro exercício da sabedoria e perseverança(90).

---

(88) CURY, Augusto Jorge. *A pior prisão...*, cit., pp. 196 e 198.
(89) CURY, Augusto Jorge. *Treinando...*, cit., 19ª ed., São Paulo: Academia de Inteligência, 2001, pp. 24-5.
(90) *Augusto Jorge Cury* desafia: "Você conhece alguém que não passa por problemas? Eu não conheço. Para alguns falta o pão na mesa; para outros, a alegria na alma. Uns são miseráveis porque lutam desesperadamente para sobreviver, o salário é baixo e não dá para pagar todas as contas no final do mês. Outros são ricos e abastados, mas mendigam o pão da tranqüilidade e da felicidade. Todo ser humano passa por turbulência em sua vida. Qual miséria é pior: a física ou a psíquica? Se a miséria física não for dramática a ponto de comprometer as condições mínimas de sobrevivência, não há dúvida de que a miséria psíquica é muito pior do que a miséria física". *Treinando...*, cit., p. 143.

TÍTULO II
CONVIVIOLOGIA JURÍDICA

Capítulo I
DA CARACTERIZAÇÃO E DOS OBJETIVOS

1. Caracterização

A Conviviologia Jurídica caracteriza-se como inovadora *ciência social e arte* do convívio, bem-estar e conciliação que rege a vontade de pensar, criar e agir para produzir a paz e o entendimento entre as pessoas em suas dimensões de vida pessoal, familiar, profissional, econômica, política, educacional, cultural e científica em harmonia com o direito.

Conviviologia = *Bem-estar*, é viver *bem, feliz* e em harmonia nas dimensões da vida pessoal, familiar, profissional, social, cultural, tecnológica, jurídica, científica e outras. Alcança as relações entre as pessoas em nível nacional e internacional.

Diz o cientista social *Ilie Gilbert*: "O propósito da Conviviologia é a ajudá-lo na realização do seu bem-estar, através dos estudos sobre os seus convívios. A Conviviologia analisa as características dos convívios, a fim de determinar as condições para a construção do seu bem-estar"[91].

Trata-se de relevante unidade estratégica de conhecimento de alcance mundial que se caracteriza também pelo reconhecimento das Nações Unidas, que ao definir a *Cooperação Internacional Econômica e Social*, pontua um dos fundamentos essenciais da conviviologia: "Com o fim de criar condições de estabilidade e *bem-estar*, necessárias às relações pacíficas e amistosas entre as Nações, baseadas no respeito ao princípio da igualdade de direitos e da autodeterminação dos povos, as Nações Unidas favorecerão: a) nível mais alto de vida, trabalho efetivo e condições de progresso e desenvolvimento econômico e social" (Carta das Nações Unidas, art. 55, *caput*, alínea *a*) (grifa-se).

A *Magna Carta*, em cujo Preâmbulo registra: "Nós, representantes do povo brasileiro, reunidos em Assembléia Nacional Constituinte

---

[91] GILBERT, Ilie. *Conviviologia: a ciência do convívio*. 4ª ed. Prefácio de Gilberto Freyre, São Paulo: IBRASA, 1994, p. 82.

para instituir um Estado Democrático de Direito, destinado a assegurar o exercício dos direitos sociais e individuais, a liberdade, *a segurança*, o *bem-estar*, (...) como valores supremos de uma sociedade fraterna (...) fundada na harmonia social (...)" (grifa-se).

A conviviologia é tão importante que até a doutrina do *neoliberalismo* reconhece um de seus relevantes pressupostos: o *bem-estar social* a ser agregado a partir de 2003. Nesse sentido admite o economista inglês *John Williamson*, formulador do "*Consenso de Washington, espécie de Bíblia do neoliberalismo*", que admitiu: "Regras voltadas para o *bem-estar social* vão integrar a nova versão do documento, que ganhará as ruas em 2003"[92] (grifa-se).

Cada uma dessas características pode vincadamente refletir os *objetivos: geral* e *específico* dessa importante arte e ciência do saber.

2. Objetivos

2.1. Objetivo Geral

O *objetivo geral* consiste em *entender* e *compreender* o contexto do conteúdo que se pode alcançar na convivência e harmonia social, em suas possíveis dimensões no universo como *ciência* e *arte*.

Procura-se, por isso, apontar uma linguagem moderna e de fácil compreensão para despertar em cada pessoa a vontade de pensar grande e adotar o modelo jurídico de conduta; bem como fazer uma releitura da escola da vida[93]. E mais: o desejo de continuar relendo e reconhecendo como é simples a fórmula de prevenir procedimento de confronto, de hostilidade e viver feliz. Para tanto, a *conviviologia jurídica* é uma opção valiosa que tem como fundamentos: os institutos do convívio, bem-estar, paz, conciliação e harmonia social. Por essa razão, exa-

---

(92) *O Estado do Paraná*. Curitiba: O Estado do Paraná, 18 de agosto de 2002, p. 8.
(93) *Altamiro J. dos Santos*, salienta que: Ler é adquirir cultura, é saber, é ouvir, é ver as coisas como elas devem ser vistas. Justamente por falta de leitura, de boa leitura, é que continuamos um povo em relativo atraso. Por falta de boa leitura especializada, foi que muitos industriais começaram e tiveram que parar arruinando-se ou vendendo sua indústria ao estrangeiro mais lido, mais culto. Tenhamos a profissão que tivermos, nela somente progredimos se lermos, se estudarmos. O médico que não lê que não estuda, não progride. Estagna e, por fim, terá que mudar de profissão e, na nova profissão, *se continuar a não ler, a não estudar, será igualmente um fracassado*. O mesmo poderemos dizer com relação a todas as demais profissões. Cita *Walter Spaldin* que diz: "Quem não lê, não sabe, não ouve, não vê... . Muitos dizem que não lêem porque falta tempo. Quando há boa vontade, não há falta de tempo". *E mais:* "O jornal nos ensina dia a dia. O livro nos aprofunda nos assuntos. Ainda que sejam livros de poesias, romances, contos, novelas. Fazem parte da cultura geral e são, além de tudo, veículos próprios para o descanso intelectual" (HC/72. *Apud Poder da Palavra e Direito*, Cascavel: OPR, "O Paraná-Jornal de fato", 5.7.86, p. 2.

mina-se: a ética, a moral, a cultura, o poder da palavra, a oratória e a comunicação. Aponta-se horizontes para cada ser humano afinar seu comportamento pelo diapasão do Direito e da Justiça: orientando todos como a bússola para alcançar o rumo do *bem* para o sucesso do presente e do futuro.

A *conviviologia jurídica* é consagrada no *"Preâmbulo"* da *Carta Magna da República Federativa do Brasil*, que estabelece: o *"'bem-estar'* como um dos valores supremos de uma sociedade fraterna, pluralista e sem preconceitos, fundada na '*harmonia social*' e comprometida, na ordem interna e internacional, com a *solução pacífica das controvérsias*; bem como '*promover o bem de todos*', sem preconceito de origem, raça, sexo, cor, idade e quaisquer outras formas de discriminação" (CF, art. 3º, IV) (grifa-se)[94]. O Brasil, cuidando de suas relações supranacionais, preocupa-se com a *defesa da paz, solução pacífica dos conflitos* e *cooperação* entre os *povos* para o progresso da humanidade (CF, art. 4º, VI, VII e IX).

2.2. Objetivo Específico

O *objetivo específico* é contribuir para harmonizar as relações de paz entre as pessoas e prevenir conflito ou alcançar soluções pacíficas, rápidas, seguras e justas entre os protagonistas do cenário de beligerância; reservando-se o Poder Judiciário, o Ministério Público, autoridades policiais e outras, para as controvérsias jurídicas de maior complexidade técnica e científica.

Procura-se pontuar no conteúdo programático as relações produtoras do *bem-estar* entre os interlocutores laborais e sociais de todos os níveis da atividade humana.

Capítulo II
DO CONTEÚDO PROGRAMÁTICO

1. Análise Preliminar

O *convívio* entre os atores laborais e sociais poderá pontuar-se na harmonia ou desarmonia. Esta projeta, certamente, o desequilíbrio emocional entre eles, surgindo, por conseguinte, no ambiente de qualquer atividade: hostilidade ou conflito, que reflete negativamente na realização de meta, que se pretenda alcançar nas dimensões da vida.

---

(94) A Lei n. 7.716, de 5.1.89 — define os crimes resultantes de preconceito de raça ou de cor. A Lei n. 8.081, de 21.9.90 — capitula os delitos dos *atos discriminatórios* ou de *preconceito* de raça, cor, religião, etnia ou procedência nacional, praticados pelos meios de comunicação ou por publicação de qualquer natureza.

Se o clima no ambiente de qualquer atividade humana for de *alegria, felicidade, prosperidade e positivo,* vincadamente se refletirá em *vitória* na *tribuna da escola dos vencedores.*

Ora, se alguém não estiver bem em sua vida pessoal, isso se refletirá na sua vida familiar. O mesmo raciocínio lógico alcança as demais dimensões da vida. *Ad exemplum*: muitos conflitos entre os atores laborais e sociais derivam, exatamente, do fato de um deles não estar bem em uma das dimensões de sua vida. Se um não vai bem, o outro vai *mal*. Muitas vezes, um atinge o outro injustamente.

Logo, as relações de convivência são extremamente importantes para conciliar e harmonizar os interesses em todas as dimensões da vida de cada convivente, produzindo o *bem-estar.*

Inteligente é a construção do emérito *Isaac Pereira da Silva:* "Um *vencedor* é sempre parte da resposta; um *perdedor* é sempre parte do problema; um *vencedor* sempre tem um programa; um *perdedor* sempre tem uma desculpa; um *vencedor* diz: 'Deixe-me ajudá-lo', um *perdedor* diz: 'Não é minha obrigação'; um *vencedor* enxerga uma resposta para cada problema; um *perdedor* enxerga um problema para cada resposta; um *vencedor* diz: 'Pode ser difícil, mas é possível'; um *perdedor* diz: 'Pode ser possível, mas é difícil'; um vencedor não vence pessoas, vence obstáculos e desafios !"[95] (grifa-se).

A *vitória* é do otimista, *vencedor.* A *derrota* é do negativista, *perdedor.* Princípios que podem apontar a linha da diferença entre a escola do vencedor e a do perdedor. A oportunidade de sucesso nem sempre aparece muitas vezes. Por isso, é importante renovar a emoção e pensar grande para não a perder. É bom não ser pessimista!

Augusto Jorge Cury recomenda que se deve irrigar o palco da mente com pensamentos agradáveis: "Treine ver o lado positivo de todas as coisas negativas. Os negativistas vêem os raios, os que renovam a emoção vêem a chuva; os negativistas vêem o caos e os que renovam a emoção vêem uma oportunidade de começar tudo de novo"[96]. O autor diz mais: "Você já conquistou o pódio da vida. Agora precisa desfrutar do prazer da vitória"[97].

O doutor *Lair Ribeiro* salienta que o sucesso é medido em centímetros. A distância é muito menor do que parece e a diferença que faz a diferença na vida, muitas vezes, é mínima: "O profissional que está ganhando três vezes mais do que outro não está correndo ou fazendo três vezes mais, nem tem o triplo de conhecimento ou de inteligência. A

---
(95) "Mensagem de Conferência 'Vitória'", em Cascavel, 1997.
(96) CURY, Augusto J. *Treinando...,* cit., p. 39.
(97) *Idem, ibidem,* p. 89.

diferença é mínima, mas é a 'diferença' que faz a diferença"[98] (grifos do autor). O autor pontua ainda: "O importante é aprender a pensar direito"[99]. Mas não é só. Falando sobre o poder da mente e as oportunidades para alcançar o sucesso diz Lair Ribeiro: "Você tem na vida o que escolher. E sua mente é tão poderosa que vai lhe entregar o que você pedir. O grande problema é que as pessoas não aprendem a usar o cérebro do melhor modo possível". E vai mais longe ainda: "Assim são as oportunidades. Podem ser difíceis de se enxergar, mas ficam fáceis depois que alguém as vê. As oportunidades estão na vida para serem vistas. Estão no nosso quintal. Na frente de nossos olhos. Tem gente que gosta muito de se lamentar: se eu tivesse uma formação melhor, se eu tivesse feito universidade, se eu fizesse doutorado ... *Henri Ford* estudou até o segundo ano de ginásio e depois fundou a companhia Ford. Mudou o paradigma de transportes e tornou-se um dos homens mais ricos do mundo. Conhecimento sem uso não é fator de sucesso"[100].

Ora, há harmonia no convívio até entre *animais* e insetos. Magnífico exemplo é o das abelhas que convivem organizadas, planejam seu trabalho e afinam-se pelo diapasão da rainha-mestra para produzir o *mel* e a *cera*.

Por que, então, não se pode estabelecer um ambiente de convivência, bem-estar, paz, conciliação, alegria e harmonia entre as pessoas?

A resposta mostra-se possível. Há que se construir, entretanto, nova cultura para fundar uma *educação liberal* para o convívio pacífico e o bem-estar em todos os níveis da vida.

O jurista *Marco Maciel*, tratando a respeito da educação liberal, destaca importante aspecto da conviviologia, não só quanto as instituições poderem proporcionar educação permanente, continuada e indispensável que se exige de todos, mas também para a *convivência harmônica em sociedade:* "O que se impõe é mais do que simplesmente triunfar ou vencer. Mesmo porque, viver é sobretudo, *conviver*"[101] (grifa-se). O douto autor diz ainda quanto à educação: "Antes, deve ter como objetivo o desenvolvimento e o aprimoramento. ... Há muito se superou o dilema para saber se as nações são ricas porque educadas ou educadas porque ricas, desde que a educação é a riqueza mais relevante de qualquer país e um bem que não se consegue comprar" [102].

---

(98) RIBEIRO, Lair. *O sucesso não ocorre por acaso é simples mas não é fácil*. 114ª ed. Rio de Janeiro: Objetiva, 1996, p. 14.
(99) *Op. cit.*, p. 19.
(100) *Op. cit.*, pp. 21 e 23.
(101) MACIEL, Marco. *Conviver, mais que vencer*. Brasília: Palácio do Planalto, 24 de junho de 2002, p. 2.
(102) *Idem, ibidem*, p. 2.

Portanto, a conviviologia jurídica e harmonia social são simples e importantíssimos fundamentos para as relações decorrentes do convívio entre os seres humanos no universo, sempre que estiver em sintonia com o direito. Como bem leciona *Lair Ribeiro:* "Tudo o que é importante na vida é simples"[103].

A Constituição Federal do Brasil estabelece no art. 5º: "II — ninguém será obrigado a fazer ou deixar de fazer alguma coisa senão em virtude de lei".

O Código Civil Brasileiro/2002, ao tratar das *"Pessoas Naturais"* pontua: "Toda pessoa é capaz de direitos e deveres na ordem civil" (art. 1º).

O Direito disciplina a conduta humana decorrente das relações entre os interlocutores sociais. A pessoa imputável que não cumprir a lei no seu convívio, sujeita-se às conseqüências penais, civis ou administrativas.

2. Desenvolvimento

2.1. Ciência e Arte

A conviviologia jurídica é ciência e arte. É ciência, porque está fundada nos postulados do conhecimento científico. O cientista *Frei Albino Aresi* conceitua: "Ciência vem a ser o conhecimento de determinado objeto, conhecimento baseado em dados absolutos, naturais, em princípios cuja evidência faz deles verdadeiros postulados, que são estudados experimentalmente de modo tanto qualitativo como quantitativo. Assim, entendo por Ciência aquele conhecimento gerado em *princípios* formando *leis; leis* que adotem critérios de verificação e comparação, e permitam constituir uma teoria. Esta poderá formalizar uma *doutrina*, com um *campo de aplicação* para *objetivos* bem determinados. A Ciência exige uma *metodologia*, adota uma *nomenclatura e técnicas* de *abordagem* dos fenômenos estudados. Enfim, a Ciência se submete à *experimentação*"[104] (grifos do autor). O douto autor define ciência: "Conjunto de conhecimentos coordenados relativamente a determinado *objeto*. O *objeto* da Ciência é a verdade comprovável pela *experiência*"[105] (grifos do autor).

O tratadista *Olbiano de Mello* ensina: "A Filosofia científica objetiva traçar as regras de bem escolher os melhores métodos para se chegar ao conhecimento, isto é, à Ciência.

---
(103) *Op. cit.*, p. 45.
(104) ARESI, Frei Albino. Mens Sana. *Fundamentos científicos da Parapsicologia.* 2º vol. São Paulo: Everest, 1978, pp. 55-6.
(105) *Op. cit.*, 2º vol., p. 56.

Ciência é, por sua vez, um conjunto ou sistema de verdades gerais que se referem a um objetivo determinado. A ciência é, em verdade, o conhecimento das coisas pelas suas causas"[106].

A conviviologia jurídica atende o sistema de verdades gerais determinadas pela lei da harmonia, para estabelecer os pressupostos de seu conceito científico.

É arte, porque possibilita cultivar a emoção e o pensamento com a criatividade. Acentua o mestre *Osmar Medeiros:* "A arte, como a vida, é um segredo que fala". E cita *Carmen Zanchi*: "A arte é o caminho do sentimento que nos conduz à inspiração e esta, à realização"[107]. O autor registra *Chevalier de Bouffers* que pontifica: "A arte de viver é uma tática em que por muito tempo teremos de ser aprendizes"; e *José Veríssimo* que conceitua: "A arte é uma invenção pessoal. É produto de emoção individual, sim, mas social e humana. É tão espontânea e natural como a linguagem, uma forma de expressão tão legítima e tão clara quanto esta. O fim social da linguagem é a expressão, a transmissão, a comunicação de sentimentos. Não é outro o fim da arte". Destaca, ainda, *Borget — Paul*, escritor francês, que diz: "A arte não é nada sem alma, o pensamento é para a literatura o que a luz é para a pintura"[108].

2.2. Origem Vocabular

Ensina *Aurélio Buarque de Holanda Ferreira: "Conviver*. Do latim *convivere* [V. t. i.]. Viver em comum com outrem em intimidade, em familiaridade. 2. Ter convivência. *Convívio*. Do latim *conviviu* [s. m.]. *Convivência*. Do latim *conviventia* [s. f.]. Ato ou efeito de conviver; relações íntimas; familiaridade, convívio. 2. Trato diário"[109] (grifa-se).

La Real Academia Espanõla ha registrado: "Convivir. intr. Vivir en compañia de otro u otros, cohabitar. Convivencia. f. Acción de convivir"[110].

O cientista social *Ilie Gilbert*, conceitua com inteligência: "Conviver é um vocábulo composto de duas partes: *con* e *viver*. Invertendo a ordem, conviver é o mesmo que *viver-com*. Viver com significa relacionar-se a... . Não é possível relacionar-se a nada, visto que qualquer relacionamento ocorre necessariamente entre duas partes"[111] (grifa-se).

---

(106) MELLO, Olbiano de. *Economia Política*, 2ª ed. rev. e ampl. São Paulo: Revista dos Tribunais, 1968, p. 3.
(107) *Saber pensar* ..., cit., p. 217.
(108) *Idem, ibidem*, pp. 218, 222 e 224.
(109) FERREIRA, Aurélio Buarque de Holanda. *Novo Dicionário da Língua Portuguesa*, 2ª ed. rev. e aum., 7ª impressão. Rio de Janeiro: Nova Fronteira, 1986, p. 472.
(110) *Diccionario de la Real Academia Española*, 1ª edición. Madrid: Editorial Espasa Calpe, 1996, p. 317.
(111) GILBERT, Ilie. *Op. cit.*, p. 68.

Logo, *conviver* e *convívio:* origem latina; *logia:* origem grega. *Convivio + logia = Conviviologia.* Formação híbrida: línguas diferentes — latim + grego[112]. *Convivência* pode seguir a mesma metodologia: *Convivenciologia.*

2.3. Conceito

A *Conviviologia Jurídica* é a *ciência* social e a *arte* do convívio, bem-estar e conciliação que rege a vontade de pensar, criar e agir para produzir a paz e o entendimento entre as pessoas em suas dimensões de vida em harmonia com o direito.

O douto *Ilie Gilbert* define: "A Conviviologia é a ciência social que estuda o convívio e determina as condições necessárias para a construção e manutenção da harmonia mental do ser humano"[113].

2.4. Lei da Harmonia

Albino Aresi, doutor em Ciências, ensina que a lei é: "Relação constante e necessária entre fenômenos. As leis ou são categóricas, ou são empíricas"[114].

Edgar Aquino Rocha enfatiza: "Lei é a relação constante entre um fenômeno e a sua causa. Distinguem-se em *naturais* e *sociais* segundo os fenômenos a que se referem"[115] (grifos do autor).

a) *Lei natural ou universal.* O ser humano rege-se e harmoniza-se por lei natural e universal. A conviviologia jurídica cria os pressupostos da lei do sucesso que também rege-se por sua lei. A *lei primeira:* é a lei da harmonia da vida pessoal ou lei da reflexão personalíssima. Há tempo para todo o propósito, um tempo para todas as coisas determinado por *Deus*[116].

b) *Lei do silêncio.* A pessoa deve usar um tempo de sua vida, por dia ou por semana: é a *lei do silêncio da mente*, para encontrar-se consigo mesmo: pensar, meditar[117], criar, planejar, organizar e administrar seus

---

(112) *Altamiro J. dos Santos*, analisa outros interessantes aspectos da *lexiologia:* morfologia, taxionomia, compenomia e semântica. *In: Direito Penal do Trabalho.* São Paulo: LTr, 1997, pp. 78 *usque* 81.
(113) GILBERT, Ilie. *Op. cit.*, p. 84.
(114) ARESI, Frei Albino. *Op. cit.*, 2º vol., p. 56.
(115) ROCHA, Edgar Aquino. *Manual de Economia Política*, São Paulo: Nacional, 1967, p. 29.
(116) A Bíblia Sagrada, no Livro Eclesiastes, pontua: "1. TUDO *tem seu* tempo determinado, e há tempo para todo o propósito debaixo do céu; 2. Há tempo de nascer, e tempo de morrer; tempo de plantar, e tempo de arrancar o que se plantou; 3. Tempo de matar, e tempo de curar; tempo de derribar, e tempo de edificar; 4. Tempo de chorar, e tempo de rir ..."(Capítulo 3, versículos 1 a 4).
(117) *Norman Vicent Peale* aponta valiosa técnica para meditar, a *lei do silêncio:* "A sensação de repouso que resulta da prática do completo silêncio é uma terapêutica de

projetos e metas para produzir o *bem-estar*. Deve exercer a fé em *Deus*, na oração criadora de saúde, alegria e felicidade. Se cada pessoa estiver de *bem* em sua vida pessoal, certamente, estará na vida familiar, profissional e demais dimensões.

Norman Vicent Peale enfatiza que a prática da lei do silêncio produz efeitos benéficos para a saúde e para o espírito e escuda-se no magistério do cientista *Starr Daily* que diz: "Nenhum homem ou mulher de minhas relações que sabem praticar o *silêncio* e o praticam de fato, têm ficado doente, que eu saiba. Notei que meus próprios males me assediam quando não equilibro meus gestos com certa dose de calma"[118].

A lei do silêncio já é adotado no trabalho com sucesso, sob a forma de uma "*soneca no trabalho*", consoante o escritor *Ricardo Semler*, respondendo "Por que o ócio é bom?" à jornalista *Ana Magdalena Horta:* "Porque é dos poucos veículos do repensar"[119].

c) *Lei da alegria e sucesso*. O Professor *Ademir Paulo Rodrigues*, com sua escola da *arte de lidar com as pessoas*, aponta valiosos princípios de como produzir alegria, felicidade e sucesso: "O primeiro passo no aperfeiçoamento de sua habilidade no tratar com as pessoas é propriamente o entendimento das pessoas e de sua natureza. Se você entender a natureza humana e as pessoas, se souber porque as pessoas fazem as coisas que fazem, se souber por que e como as pessoas irão reagir sob certas condições, só então você poderá se tornar um hábil *diplomata* de pessoas"[120] (grifo do autor).

O pesquisador social *Lair Ribeiro* reconhece a harmonia como a *lei das leis*: "Procure se harmonizar com o Universo, com tudo e todos ao seu redor, com o ritmo do tempo e consigo mesmo: o estresse desa-

---

grande importância". Acrescenta: "Acalme-se, pois aquilo que você desejar estará ao seu alcance se trabalhar para consegui-lo sem recorrer à pressa e a esforços excessivos". E mais: "Cesse completamente, por uns dez ou quinze minutos, qualquer atividade que esteja exercendo e mantenha-se sereno; faça isso, pelo menos, uma vez em cada vinte e quatro horas, preferencialmente na hora mais atarefada do dia. Há ocasiões em que é essencial reprimir resolutamente os nossos movimentos. É preciso ressaltar que a melhor maneira de fazê-lo é cessar completamente toda e qualquer atividade". Pontifica ainda: "Passe dois ou três minutos pensando nas mais belas e mais tranqüilas paisagens que tenha contemplado, como por exemplo, uma montanha ao pôr-do-sol, ou um vale com a doce quietude das primeiras horas da manhã, ou uma floresta ao meio-dia ou o luar refletindo-se em águas levemente ondulantes. Reviva na memória essas cenas". *O Poder do...*, cit., pp. 37, 98, 99 e 105.
(118) *Idem, ibidem*, p. 37.
(119) "Soneca no trabalho". *Revista Época*, n. 305, São Paulo: Globo, 22 de março de 2004, p. 29.
(120) RODRIGUES, Ademir Paulo. *A arte de lidar com as pessoas*. Cascavel: Instituto Superior, 2002, p. 21.

parecerá do seu dia-a-dia e a liberação será sua recompensa. Harmonia é a essência do existir"[121].

Há que se estabelecer metas para a *lei do poder da inteligência da mente* trabalhar seus pensamentos na imaginação organizada criativa, eficiente e clareza para alcançar o sucesso. *Ad exemplum:* a lei da arte, como a pintura harmoniza-se pelas cores; a escultura, pelas formas. O cientista *Harry Lorayne* cita o exemplo de sucesso da lei da gravidade descoberta por *Sir Isaac Newton*. Quando lhe perguntaram como é que ele a descobriu, respondeu: "Pensando nela"[122].

A vida humana é regida por leis, que antes de serem exteriorizadas, devem ser planejadas, organizadas e administradas em sua mente para construir meta definida para o *bem* e nunca para o *mal*.

Harry Lorayne salienta que: "É a mente que faz o *bem* e o *mal*, os *infelizes* ou os *felizes*, os *ricos* ou os *pobres*, e, no entanto, desperdiçamos mais tempo em coisas sem importância do que em organizar as nossas mentes. O tempo é mais importante do que o dinheiro; é o *bem mais valioso* que podemos gastar"[123] (grifa-se).

d) *Leis econômicas*. A *lei econômica* rege-se por suas leis e harmoniza-se pelos seus princípios. A primeira lei econômica é a inteligência. *Ademir Paulo Rodrigues*, Diretor Presidente do Instituto Superior de Educação, Tecnologia e Pesquisa, ensina que a *primeira economia* de todo o universo é sempre a inteligência: "É a inteligência da pessoa que constrói a riqueza, o dinheiro, os meios, os valores: esse é o fundamental e o real princípio de qualquer bem-estar. Vale dizer que, se as coisas não vão bem comercialmente, é o operador que é incapaz. O líder deve ser um artista no saber orquestrar as relações com os diversos agentes do seu contexto"[124]. A Ciência Econômica na divisão clássica quadripartita: rege-se por leis que cuidam da harmonização da produção de riqueza, nesta a *teoria do binômio: trabalho-capital*, repartição, circulação e consumo de *riquezas:* bens e serviços úteis à satisfação das necessidades humanas e dos demais seres vivos. São exemplos típicos de leis econômicas: *Lei do menor esforço* ou *princípio hedonístico*: os agentes sociais e laborais procuram obter o máximo de satisfação com o mínimo de trabalho. *Lei da oferta e da procura:* é a reguladora dos preços dos bens e serviços na vida econômica dos povos: "Os preços variam na razão direta da procura e na razão inversa da

---

(121) RIBEIRO, Lair. *O sucesso...*, cit., p. 118.
(122) LORAYNE, Harry. *Segredos do poder da mente*, 2ª ed. Trad. Luzia C. Machado da Costa. Rio de Janeiro: Record, 1976, p. 16.
(123) *Idem, ibidem*, p. 19.
(124) RODRIGUES, Ademir Paulo. *Op. cit.*, p. 11.

oferta", *i.é*, quanto *maior a oferta, menor preço; quanto menor a procura, maior preço*. Lei *do rendimento não proporcional* ou *Lei da produtividade decrescente*: gastar mais nos custos de produção do que renda obtida no resultado final objetivado. Esta lei é amplamente aplicada na agricultura e agropecuária. *Lei da utilidade econômica:* é a qualidade que têm as coisas de satisfazer às necessidades humanas.

e) Lei da lógica. A *lei da lógica* trabalha com a figura do silogismo. Este significa ligação. Consiste em um argumento dedutivo, pelo qual, de um antecedente alcança-se duas proposições, ou seja, ligam duas premissas: a *maior*, os fundamentos científicos ou de direito e a *menor*, os fundamentos de fato. Daí, tira-se uma conseqüente: *conclusão*.

É lição clássica do jurista *José J. Calmon de Passos*, a respeito da técnica de sustentação de uma tese: "Nela está uma premissa maior (fundamentos de direito), uma premissa menor (fundamentos de fato) e uma conclusão (o pedido)"[125].

O mestre *Délio Maranhão* em lapidar magistério, em co-autoria com o Ministro *Arnaldo Süssekind e o jurista Segadas Vianna*, versando sobre a *lei da lógica* como importante instrumento de trabalho jurisdicional, pontuam: "O juiz, para individualizar o comando geral, aplicando o direito, vale-se de um instrumento lógico: o silogismo. A lei é a premissa maior; o fato, a premissa menor; e a sentença, a conclusão"[126].

f) Lei da música. A *lei da música* harmoniza-se pelo som, cujo *diapasão*, o maestro afina a orquestra, produzindo a arte da música, alcançando a meta. Não é diferente no ambiente de outras atividades do ser humano.

g) Lei da conviviologia e harmonia. O cientista social *Ilie Gilbert* destaca: "Toda construção harmônica segue leis harmônicas. Uma peça musical tem as leis de harmonia dos sons. A pintura tem leis de harmonia das cores. A escultura tem leis de harmonia das formas. Todas as artes têm as suas leis de harmonia. A esquecida arte do convívio também terá as suas leis.

Qualquer harmonia começa pela intuição do artesão. Um artesão que demonstra criatividade, torna-se artista. O artista, quando estabelece as leis da sua criatividade, consegue transformar a sua arte numa ciência.

Hoje, a música, a pintura, a escultura, a literatura, essas artes são já ciências plenamente definidas.

---

(125) PASSOS, José J. Calmon. *Comentários ao CPC*, 8ª ed., vol. III. Rio de Janeiro: Forense, 1998, p. 215.
(126) MARANHÃO, Délio; SÜSSEKIND, Arnaldo; VIANNA, Segadas. *Instituições de Direito do Trabalho*. 11ª ed., ver. e ampl. de conformidade com a Constituição Federal de 1988, São Paulo: LTr, 1991, p. 3.

Os profissionais podem performar, artisticamente ou não, essas ciências cujas leis de harmonia eles devem conhecer.

Você quer um ambiente de convívios harmônicos, não quer?

Pois construa a harmonia de acordo com as leis da harmonia. A conviviologia é a ciência dedicada a harmonizar os convívios. A Conviviologia desenvolve a arte do convívio, numa ciência do convívio"[127].

O emérito *Gilbert*, frisa: "Deve ser norteado para saber transitar no seu ambiente social. Deve ser ajustado e reajustado para o seu relacionamento e o seu inter-relacionamento com o seu ambiente social. Para tudo isso, lhe é necessária portanto uma ciência social. A Conviviologia é uma ciência social"[128].

Exemplo mundial do convívio em harmonia: a "Orquestra da Escola de Futebol Pentacampeã do Brasil/2002" da Seleção Brasileira. A triunfante glória dos *"pentacampeões do futebol brasileiro"* assistida por bilhões de pessoas do universo no dia 30 de junho de 2002, sob a regência do maestro professor *Luiz Felipe Scolari*, é o exemplo típico de uma autêntica orquestra afinada pelo mesmo diapasão. Ganhou todas as competições enfrentando outras seleções campeãs. Os militares também estabelecem comandos com milhares de pessoas, por força de ações bem disciplinadas, que se harmonizam exemplarmente e alcançam o máximo de suas metas, resultando em um convívio sempre favorável entre comandantes e comandados. Outras classes profissionais igualmente procuram alinhar um bom convívio, cujo horizonte é almejado por força da harmonia de seus interesses. Isto está presente não só nas classes profissionais, mas também em todos os segmentos sociais. Onde houver um bom convívio, tudo fica mais fácil de ser administrado[129].

2.5. Ciência do Sucesso. Psicocibernética. Pressupostos do Convívio Humano

A conviviologia jurídica aponta os fundamentos para a *arte* e a *ciência do sucesso*. É importante harmonizar a *psicocibernética* e a *psicodinâmica* com o poder da mente humana.

Antônio de S. Limongi França cita o cientista *Norbert Wiener* criador da *Cibernética* que a define: "A ciência da comunicação e do con-

---

(127) GILBERT, Ilie. *Conviviologia...*, cit., p. 83.
(128) *Idem, ibidem*, p. 82.
(129) SANTOS, Altamiro J. dos. *Direito Penal ...*, cit., pp. 128 *usque* 135 e *Comissão de...*, cit., pp. 85 *usque* 98.

trole nos seres vivos e nas máquinas". O autor cita também *Louis Couffignal* que diz: "A cibernética é a arte de tornar a ação eficaz"[130].

A psicocibernética cuida do estudo de funções da mente que se situa no cérebro humano. *Albino Aresi*, em resumo, define: "O cérebro é a parte do corpo, onde o espírito, inserido e consubstancializado na matéria, tem o poder de comandar o resto do corpo. É a central telefônica que se intercomunica com as partes"[131]. Acrescenta o autor quanto aos sentidos, órgãos cujas funções nervosas são capazes de receber e perceber impressões e alterações do ambiente: "São como fios que fazem as comunicações entre o mundo exterior e a mente humana. São eles: *visão, audição, olfato, paladar* e *tato* "[132] (grifos do autor).

É relevante se parar por um momento para planejar, organizar e administrar as metas ou objetivos. Adotar ação eficiente da inteligência para alcançar o sucesso. É, igualmente, importante conhecer os motivos que pontuam o sucesso. *E mais*: o que é o sucesso? O vocábulo *sucesso* significa ser famoso, rico, feliz? Nem sempre!

Por isso, procure destacar com diplomacia o *bem* que as pessoas fazem. Apontar os méritos de suas ações ou omissões, como gênero. Elogie-as com elegância pelas suas virtudes, como espécie. É uma regra de *ouro* para o sucesso.

O psicólogo *Norman Vicent Peale* aponta os princípios dessa lei: "A prática do silêncio produz efeitos benéficos para a saúde e para o espírito. ... A sensação de repouso que resulta da prática do completo silêncio é uma terapêutica de grande importância"[133]. O autor ainda questiona o princípio da própria felicidade: "Quem resolve que você seja *feliz* ou *infeliz*? Eis a resposta: é você mesmo!" Cita o exemplo de um *astro da televisão* questionado sobre seu segredo misterioso para estar sempre alegre e feliz. Ele respondeu: "É a coisa mais simples deste mundo. Quando me levanto de manhã, tenho que optar entre duas coisas: ou ser feliz ou então ser infeliz. E o que pensa o senhor que escolho? Ser feliz, *só isso*"[134] (grifa-se).

Ademir Paulo Rodrigues ensina a *fórmula da felicidade*: "Quando você perceber a felicidade, gratidão e prazer que trará aos outros fazendo isso, *você* irá se sentir bem. Existe mais prazer em dar do que em receber"[135] (grifo do autor).

---

(130) Apud *Enciclopédia Saraiva do Direito*. Coordenação do Prof. R. Limongi França, vol. 14, São Paulo: Saraiva, 1977, p. 303.
(131) ARESI, Frei Albino. *Op. cit.*, vol. 1, p. 6.
(132) *Idem, ibidem*, p. 18.
(133) PEALE, Norman Vicent. *Op. cit.*, p. 37.
(134) *Idem, ibidem*, p. 75.
(135) RODRIGUES, Ademir Paulo. *Op. cit.*, p. 81.

O autor diz mais: "*A elegância e distinção constroem os elegantes e distintos*. Se você quiser que as pessoas pensem bem de você, que o considerem, que o vejam com admiração e respeito, você deve dar-lhes a impressão de que é merecedor desta distinção. Isso é feito primeiramente pelo que você pensa de si mesmo"[136].

Harry Lorayne, cientista e pesquisador da mente humana enfatiza: "O que sei é que é bem possível ser-se rico e/ou famoso e no entanto não ser feliz. Depois, há pessoas felizes que não são nem ricas nem famosas, mas que são felizes. O *sucesso* é um conceito estritamente individual. Há quem ache que não poderia ser feliz a não ser que se tornasse famoso ou rico ou ambas as coisas"[137] (grifa-se).

O universo que se vive no século XXI aponta horizontes de desafios da inteligência e da mente humana. Tudo que se faz deve começar de forma planejada e com metas organizadas.

O autor reconhece: "Todas as nossas atividades, tanto as dedicadas a ganhar a vida quanto as diversões, ou ambas, são planejadas e organizadas"[138]. O cientista diz que organizar sua mente é controlá-la, e, segundo *Charles Darwin:* "O mais alto estágio possível na cultura moral é quando reconhecemos que devemos controlar nossos pensamentos"[139].

Há que se pensar grande e acreditar no sucesso, certamente, ter-se-á êxito!

O psicólogo e cientista *David J. Schwartz* assegura: "Ter pequenas ambições é esperar obter pouco. Aspire a grandes coisas e obtenha grandes sucessos. E lembre-se também de uma coisa: as grandes idéias e os grandes planos são muitas vezes mais fáceis — e certamente não mais difíceis — do que os pequenos!"[140].

O autor vai mais longe e pontua: "O sucesso significa muitas coisas maravilhosas, muitas coisas positivas. Sucesso significa prosperidade pessoal. Uma bela casa, férias, viagens, novidades, segurança financeira, significa dar aos filhos o máximo de vantagens. O sucesso representa conquistar a admiração, a liderança, ser olhado com respeito por todos, no escritório e na sociedade. Sucesso significa liberdade: libertar-se dos aborrecimentos, dos temores, das frustrações, e do fracasso. O sucesso significa respeitar-se a si próprio, encontrando mais

---
(136) *Idem, ibidem*, p. 101.
(137) LORAYNE, Harry. *Op. cit.*, pp. 220-1.
(138) *Idem, ibidem*, p. 11.
(139) *Idem, ibidem*, p. 12.
(140) SCHWARTZ, David J. *A mágica de pensar grande*. Trad. de Dr. Miécio Araújo Jorge Honkis, 22ª ed., Rio de Janeiro: Record, 1997, p. 30.

felicidade e satisfação na vida, e ser capaz de fazer mais pelos que dependem de você.

Sucesso significa vencer. Obter sucesso, realizar-se, é o objetivo da vida!

Todo o ser humano deseja sucesso. Todo mundo deseja o melhor que a vida tem para dar"[141].

Qual o segredo para triunfar na vida?

Norman Vicent Peale aponta interessante princípio: "A chave-mestra para triunfar na vida, conseguir o que se deseja profundamente, é entregar-se de corpo e alma ao trabalho ou projeto em que se estiver empenhado. Em outras palavras, seja qual for o trabalho, é preciso que a ele se entregue completamente. A vida nada negará de si àquele que lhe dá tudo o que tem. Infelizmente a maioria das pessoas não age dessa maneira. De fato, poucas são as pessoas que assim procedem. É essa a causa do fracasso ou, se não do fracasso, a razão por que não chegam a triunfar completamente"[142].

O cientista *Lair Ribeiro* reconhece a *Ciência do Sucesso* construída como uma estrela de seis pontas, tendo o *sucesso* no centro, circundado pela *atitude, trabalho, ambição, auto-estima, comunicação* e *meta*. O sucesso significa nunca parar, ou seja, sempre ir em busca de algo mais. A estrela do sucesso está sempre em movimento. E questiona ainda: "Será possível aprender a *Ciência do Sucesso* em tão pouco tempo, ou apenas lendo um livro? Basta você preparar seu cérebro para que isto se torne possível"[143] (grifos do autor).

A *cibernética* é a ciência que estuda os mecanismos, os processos de comunicação ou controles em máquinas, instrumentos e seres vivos. A *psicocibernética* é a arte e a ciência que estuda o processo da mente humana que se rege por suas leis dotadas de atributos e poderes que operam magníficos resultados *positivos* ou *negativos*, dependendo como o agente projeta suas metas ou objetivos que quer alcançar. A mente humana é uma só. Mas opera com duas funções. Por que uma pessoa é triste e a outra alegre? Por que uma é feliz e bem-sucedida e outra é infeliz e pobre? Por que uma alcança com facilidade o sucesso e a outra só encontra insucesso? Por que uma é um gênio em suas atividades e sua vida e a outra é mediocre e fracassada? Haverá respostas para essas e outras questões na conviviologia jurídica em harmonia com a *psicocibernética*, a *psicodinâmica* ou mente humana em suas mágicas funções: *consciente* e *subconsciente*.

---
(141) *Idem, ibidem*, p. 19.
(142) PEALE, Norman Vicente. *Op. cit.*, p. 111.
(143) RIBEIRO, Lair. *Op. cit.*, pp. 31, 33 e 41.

Joseph Murphy em relevante análise, pontifica: "Você pode introduzir em sua vida mais poder, mais riqueza, mais saúde, mais felicidade e mais alegria, descobrindo como entrar em contato e libertar o poder oculto de seu subconsciente. Você não precisa adquirir esse poder, pois já o possui. Deseja, porém, aprender a usá-lo; deseja compreendê-lo, a fim de que possa aplicá-lo em todos os estágios da sua vida. ... A lei de sua mente é, em suma, a seguinte: você obterá uma reação ou resposta da sua mente subconsciente de acordo com a natureza da idéia ou pensamento que formou na mente consciente.

Os psicólogos e psiquiatras ressaltam que, quando os pensamentos são transmitidos à mente subconsciente, as impressões se fazem nas células do cérebro". *E mais*: "A nomenclatura geralmente usada para distinguir as duas funções de sua mente é a seguinte: a mente objetiva e a subjetiva, a mente consciente e a subconsciente, a mente desperta e a adormecida, o ego externo e o ego profundo, a mente voluntária e a mente involuntária, o macho e a fêmea e muitos outros termos"[144]. Acrescenta ainda: "Os seus pensamentos formam o molde ou matriz pelo qual fluem a infinita inteligência, a sabedoria, as forças vitais e as energias do seu subconsciente. ... A maioria dos grandes cientistas, artistas, poetas, cantores, escritores e inventores possui um profundo conhecimento do funcionamento das mentes consciente e subconsciente"[145]. É certo que a *psicocibernética* opera em sintonia com a conviviologia jurídica. A mente humana é uma fábrica de pensamentos otimistas que opera para os interlocutores sociais e laborais alcançarem a tribuna da escola dos vencedores ou produzindo pensamentos pessimistas que levam seus agentes para a tribuna da escola dos perdedores. Estes, normalmente, quando afrontam a fronteira da lei ou da ilicitude ao exteriorizar suas ações ou omissões, sujeitam-se as conseqüências dos danos que produzem no seu convívio.

O que é o sistema de convívio? Qual a ciência que estuda o convívio? A conviviologia que estuda o convívio é uma arte e uma ciência do sucesso.

Lair Ribeiro pontua, com exceção de eletricidade e magnetismo, em tudo na vida *semelhante atrai semelhante:* "Você abre a torneira de sua casa e a água sai; a água vai para o esgoto, o esgoto vai para o rio, o rio vai para o mar. Água vai para água. Dinheiro vai para quem? Para o rico e não para o pobre. Sucesso vai para quem tem sucesso. Amor vai para quem tem amor. Ódio vai para quem tem ódio. Coisas semelhantes atraem coias semelhantes"[146].

---

(144) MURPHY, Joseph. *O Poder do...*, cit., pp. 20, 23-5, 31-2.
(145) *Idem, ibidem*, p. 25.
(146) RIBEIRO, Lair. *Op. cit.*, p. 68.

Ilie Gilbert acentua que esses temas tratam da vida do homem em seu ambiente social. Cuidam dos relacionamentos dos seres humanos em seus ambientes sociais. Portanto, os convívios são temas sociais. Assim sendo, é claro que os fatos e problemas que decorrem de seus convívios, são todos de ordem social.

O autor questiona: "Qual é a ciência que estuda os problemas sociais? Sem dúvida que essa ciência é uma ciência social. Então, observe este raciocínio:

1. O problema do *bem-estar* mental é um problema de *convívio*;

2. Problemas de convívios são objetos de *ciência social*.

Conclusão: o problema do bem-estar mental é objeto a ser estudado por uma ciência social"[147].

Fiorangela Desiderio, especialista em Ciência do Convívio, tratando da criatividade inovadora pessoal, alinha interessantes aspectos: "Para evoluir, precisamos estudar, experimentar, refletir e novamente, experimentar para podermos reestudar, reexperimentar, refletir e ... . A vida é um seguir-se constante de informações provindas do estudo, da experiência e da reflexão"[148].

A autora acrescenta ainda: "A vida e a morte se sucedem, pois cada etapa ultrapassada constitui-se numa morte e a cada nova etapa revivemos. Se aceitarmos morte e vida, podemos assumir nossa mudança tanto física como psicológica; é claro que, às vezes, com resistência. Ao fim do *inverno* segue-se a *primavera* que, morrendo, dará origem ao *verão* cujo termo se sucede a vinda do *outono* que, ao passar, trará o *inverno*. Isto, nos países temperados, é uma realidade palpável. ...Ao longo da vida notamos transformações pessoais até mais drásticas que mudanças de estação. As modificações físicas que o organismo humano sofre desde o nascimento, a metamorfose do púbere em adolescente e adulto e a chegada da velhice são condições de mudança drástica que acarretam alterações psicofísicas oriundas da adaptação corporal à nova fase e do amadurecimento psíquico"[149].

Logo, é perfeitamente possível no convívio humano, se operar mudanças de conduta para se harmonizar ao bem-estar e a conciliação de todos no ambiente de convivência.

Por que violar normas: morais, éticas, sociais e legais?

---
(147) GILBERT, Ilie. *Op. cit.*, p. 81.
(148) DESIDERIO, Fiorangela. *Convívio: Análise de Aspectos Relacionais Humanos.* Rio de Janeiro: Vozes, 1983, pp. 11 e 12.
(149) *Idem, ibidem*, p. 13.

Esse comportamento só serve para desorganizar o convívio em todas as dimensões da vida. Dele resultam prejuízos aos bens jurídicos de valor supremo, como a vida, a integridade psicofísica, moral, ética, social e jurídica. Basta estudar, reestudar, experimentar, reexperimentar e refletir o valor da *escola da vida* para ver que o melhor caminho é mesmo o do *convívio pacífico* para produzir o *bem* e nunca o *mal.*

Com razão *Fiorangela Desiderio,* quando assevera: "A escola da vida pode ser muito pródiga em experiências se soubermos ser bons discípulos de nós mesmos, se não nos violentarmos com a negação da perspectiva de novos horizontes pessoais e alheios"[150].

Deve-se aprender alinhar cada dimensão da vida, orientando-se pela conviviologia e harmonia social. O triunfo é estar sempre na tribuna da escola dos vencedores e nunca na escola dos perdedores.

A tratadista focaliza com propriedade: "A vida comunitária atual é ameaçadora. Como as pessoas passam maior tempo longe de casa e longe da família, ao voltarem ao lar, a convivência não tem o calor humano tão desejado. A perda da intimidade interpessoal leva a um intenso sentimento de solidão. Viver torna-se um ato perigoso; de fato, a autenticidade submerge o indivíduo na ameaça de ser boicotado pelas pessoas de seu convívio. Forma-se um círculo vicioso em que se sucedem no indivíduo estímulos de confiança e de desconfiança, à guisa de gangorra de sentimentos que o impele ora para um tipo, ora para o seu oposto. Este movimento deve-se ao desconhecimento de até onde confiar nos que o cercam". E *pondera ainda*: "Relacionar-se é uma aprendizagem de adequação à mudança do ambiente interno e externo. Quem não estiver preparado a percebê-la e aquilatá-la, dar-se-á mal consigo e com os outros. O indivíduo aprende aos poucos a se auto-dirigir e a encontrar o equilíbrio dinâmico das situações. Aquele que não conseguir perceber como e com quem se relacionar de diferentes maneiras, em situações diferentes, será um 'desequilibrado' e sofrerá com sua própria inadequação"[151].

É evidente que encontrar o ponto de equilíbrio *ideal,* muitas vezes, não é tarefa fácil e nem sempre possível. Mas há que se procurar alcançar o *bem-estar* em todas as dimensões da vida. *Ad exemplum:* as relações no ambiente laboral requer ser *bom discípulo da escola da vida.* Todos ganham em prevenir o mal.

O sucesso pode vincar o rumo mais correto para o ser humano procurar sempre alcançar a *tribuna da escola dos vencedores.* Dificilmente, alguém bem sucedido e produtor do *bem* mudará de direção para produzir o *mal,* na tribuna da escola dos perdedores!

(150) *Idem, ibidem,* p. 12.
(151) *Idem, ibidem,* p. 21.

2.6. Objeto da Conviviologia Jurídica

Ensina *Ilie Gilbert* que uma tarefa "é um trabalho que há de se concluir num determinado período de tempo. Portando, uma tarefa prevê um tempo determinado. Sem se fixar um tempo determinado, não pode haver tarefa, mas seria um desejo, uma intenção, ou simplesmente um sonho. O trabalho para construir o Bem-estar precisa ser uma tarefa. Não pode ser sonho, nem intenção e nem um simples desejo.

A construção do seu bem-estar deve realizar-se num mínimo de tempo possível, num determinado período de tempo.

A *conviviologia* assume precisamente essa *tarefa* de orientá-lo a realizar o seu b*em-estar mental*, num tempo determinado. É exatamente nessa predeterminação de tempo que se evidencia a qualidade positiva da Conviviologia, visto que, no máximo em 6 meses, você recebe toda a orientação"[152] (grifa-se).

O objeto fundamental da conviviologia jurídica é orientar o horizonte para o ser humano pensar grande na produção da paz, ser feliz, ter bem-estar, conciliação, convívio e harmonia nos limites definidos no direito, para alinhar sua conduta no *fazer* ou *deixar de fazer* algo.

Quanto maior for a harmonia e equilíbrio entre os atores sociais e laborais, tanto maior será a possibilidade de sucesso de ambos no ambiente e dimensões da vida. Por isso, cultivar sempre a arte da urbanidade, da educação, da compreensão e do respeito mútuo da dignidade, certamente, será o triunfo de todos.

O comunicador social exerce uma nobre missão de modelador de convívio humano. Tem o poder de produzir conviviologia jurídica na vida das pessoas.

2.7. Amor e Afeição. Emoção e Paixão na Conviviologia

2.7.1. Amor e Afeição. A conviviologia é fundamental na arte do amor e da afeição. O amor é o centro mediterraneamente solar de referência no Código Civil de 2002. O mestre *Clayton Reis* em brilhante estudo sobre os Direitos da Personalidade no Código Civil, que está em vigor desde 11 de janeiro de 2003, salienta: "É um código que prima por questões éticas. É um código que dá um destaque muito especial à pessoa humana e neste particular, sua excelência, o professor *Miguel Reale*, também dizia que o centro de referência é o amor. Na verdade o homem é o epicentro desse centro solar, desse aglomerado de leis, de normas previstas no Código Civil de 2002"[153]. *Joseph Murphy* define

---

(152) GILBERT, Ilie.*Op. cit.*, p. 85.
(153) REIS, Clayton. "Direitos da Personalidade — Direito e Justiça". Curitiba: *O Estado do Paraná*, 22 de dezembro de 2002, p. 11.

magnificamente o amor: "O amor é boa vontade universal, pela qual você deseja a todas as pessoas saúde, felicidade, paz, abundância e todas as bênçãos da Vida. Servir aos outros sábia e generosamente é na verdade o amor Divino em ação". E acrescenta: "O amor significa paz, plenitude, beleza e alegria perfeita"[154]. *Albino Aresi* ensina: "*Amar:* é dar de si, é servir sem esperar retribuição. O prazer no amar é o sentimento de fazer o bem, o oposto do egoísmo"[155]. Diz mais o douto autor: "O amor. É difícil saber amar bem. O amor procura o bem e a felicidade de outrem. ... O amor implica necessariamente *comunidade* para se manifestar. A comunhão de vida se desagrega sem o amor"[156] (grifos do autor). E completa o cientista: "O amor é o vínculo da perfeição!"[157].

Osmar Medeiros salienta: "O amor nos ensina todas as virtudes". Acrescenta: "O amor é uma riqueza que não se vende nem se compra; dá-se". E completa: "O amor não tem idade. Está sempre nascendo. ... Amor, palavra tão bela, tão significante, tão profunda. Amor, palavra que revela sentimentos de ternura, de carinho, de compreensão. Toda humanidade está à procura do amor e quantos não o encontraram ainda por não conhecerem o sentimento do verdadeiro amor"[158].

A cultura da afeição na sociedade brasileira não é cultivada com intensidade entre as famílias e os amigos. Nas famílias italianas, não abraçar muitas vezes é considerado um comportamento punitivo.

Nesse sentido *Leo Buscaglia*, em pesquisa que fez para seu livro "Amar uns aos Outros", as pessoas pesquisadas pontuaram três qualidades que consideravam essenciais para uma convivência duradoura e feliz. Diz ele:

"Foi surpreendente descobrir que a afeição (tocar, abraçar, afagar) era para a maioria mais importantes do que a comunicação, que ficou em segundo lugar. O sexo, por outro lado, que distinguiram da afeição, ficou relegado ao oitavo lugar.

A afeição, o contato físico não-sexual, é um tremendo recurso no amor. Nada custa, não precisa de equipamento especial e está sempre à disposição. Para amar, precisamos fazer com que as pessoas saibam que nos importamos com elas. A melhor maneira é literalmente alcançá-las e mostrar-lhes o que sentimos, o mais freqüentemente possível"[159].

---

(154) MURPHY, Joseph. *Energia Cósmica: O Poder milagroso do Universo.* Trad. A. B. Pinheiro de Lemos, Rio de Janeiro: Record, 1973, p. 233.
(155) ARESI, Frei Albino. *Op. cit.*, vol. 1, p. 70.
(156) *Idem, ibidem*, p. 159.
(157) *Idem, ibidem*, p. 202.
(158) MEDEIROS, Osmar. *Op. cit.*, pp. 95 e 102.
(159) BUSCAGLIA, Leo. *Nascido para amar*, 3ª ed. Tradução: Paulo Fróes, Rio de Janeiro: Record, 1993, p. 74.

O amor ao idealismo vocacional ou à atividade profissional é magnificamente focalizado pelo jurista *René Ariel Dotti*, analisando o "Decálogo do Advogado", elaborado por *Eduardo Couture*: "X — Mandamento: *Ama a tua profissão*": "O *amor ao ofício* eleva-o à hierarquia da arte. O amor, por si mesmo, transforma o trabalho em criação; a tenacidade em heroísmo; a idéia em dogma; a vida em poesia"[160] (grifos do autor).

A afeição e o amor são qualidades e atributos amplos e ricos. São fontes produtoras de bem-estar, paz e alegria.

2.7.2. Emoção e Paixão. *Aurélio Buarque de Holanda Ferreira* define: "Emocionar: (Do fr. *Émotionner*). V. t. d. Causar emoção em; impressionar, perturbar..."[161]. *E. Magalhães Noronha* resume: "A emoção é caracteristicamente transitória, ao passo que a paixão é duradoura; é um estado crônico, embora possa apresentar períodos agudos. Aquela é subitânea; esta é permanente"[162].

Nélson Hungria enfatiza: "A emoção é uma descarga nervosa subitânea, que por sua breve duração, se alheia aos plexos superiores que coordenam a conduta ou não atinge o *plano psíquico* de que fala *Patrizi*. A paixão é, por assim dizer, a emoção em estado crônico, perdurando, surdamente como um sentimento profundo e monopolizante (amor, ódio, vingança, fanatismo, despeito, avareza, ambição, ciúme). Sua lógica, como diz *Ribot*, é fundada exclusivamente sobre bases afetivas, extraindo o próprio conteúdo de motivos sentimentais e inerentes a inclinações, necessidades, desejos, procura dar força racional externamente plausível, uma justificação idêntica à que se tem na lógica racional e que torna aceitáveis todos esses motivos (*Vergani*). É a chamada *lógica do sentimento*"[163] (grifos do autor).

2.7.3. Diferença entre Afeição, Amor, Emoção e Paixão. A afeição e o amor são fenômenos produtores de bem-estar. Enquanto que a *emoção* é produtora de forte e transitória perturbação da afetividade. A *paixão* é uma profunda e duradoura crise psicológica. Ambas atingem o equilíbrio emocional do ator social e laboral.

Logo, é necessário ter presente a diferença entre os institutos para evitar confusão no campo semântico e semiológico da interpretação. A afeição e o amor são grandes, amplos e ricos, mas sem descer no nível

---

(160) "Ama a tua profissão", Curitiba: *O Estado do Paraná* — Caderno Direito, 19 de maio de 2002, p. 1.
(161) FERREIRA, Aurélio Buarque de Holanda. *Novo dicionário...*, cit., pp. 634-5.
(162) NORONHA, E. Magalhães. *Direito penal*, vol. 1, São Paulo: Saraiva, 1986, p. 209.
(163) HUNGRIA, Nélson. *Comentários ao Código Penal*, 2ª ed., ver. e atual., vol. I, t. II. Rio de Janeiro: Forense, 1958, pp. 369-70.

da emoção ou da paixão, que podem deixar de serem produtores de *bem-estar* para pontuar o *mal.*

2.8. Convívio

Ele deve estar presente na vida de todas as pessoas. Os animais e a natureza convivem em harmonia. Ninguém vive isoladamente no universo. Uns dependem dos outros para conviver. Um só ser humano não produz todas as coisas ou serviços úteis para satisfazer suas necessidades.

Por isso, aponta-se o sentido vocabular do *"convívio"* e "conviver".

Ilie Gilbert, doutor em Ciências, com propriedade leciona:

"Nos seus convívios, uma das partes é sempre você. Qual é a outra parte, e o que pode ser a outra parte? A outra parte do seu convívio pode ser tudo e qualquer coisa. Poderia ser qualquer item que lhe passe pela cabeça, qualquer item em que você possa pensar, qualquer idéia; enfim, poderia ser tudo que possa ser sentido ou imaginado por você"[164].

O autor acrescenta: "De cabeça erguida, consciente de que o bem-estar é o propósito de seus convívios, você almeja abertamente um bem-estar real. Se você afirma que não concorda com isso, veja se pode dar uma explicação honesta, porque seria desonesto continuar a fazer uma demagogia em que ninguém acredita mais, nem mesmo você.

Eis, portanto, um pequeno resumo:

1. Conviver é uma condição necessária ao seu bem-estar;

2. Sem convívio não pode haver Bem-estar;

3. O seu Bem-estar resulta da seqüência de seus convívios, quando esses seus convívios são harmônicos;

4. Visto que a motivação da sua vida é seu Bem-estar, em seu interesse você deve harmonizar os seus convívios;

5. A harmonização dos convívios é o ponto chave da vida;

6. Conscientemente, você deve construir o seu Bem-estar através da harmonia a ser construída em seus convívios.

Doravante, assim se define o convívio:

'Convívio' é o envolvimento mental consciente do ser humano"[165].

Logo, conviver no mundo do século XXI é uma *arte* e uma *ciência* que desafia a inteligência.

---

(164) GILBERT, Ilie. *Conviviologia...*, cit., p. 129.
(165) *Idem, ibidem*, p. 70.

2.9. Instituto da Conciliação

2.9.1. Conceito. Wagner D. Giglio, com propriedade, conceitua: "'conciliação'(166), sem discrepância nas principais línguas latinas: 'conciliation', em francês, 'conciliazione', em italiano, e 'conciliación', em espanhol, são utilizados pela lei, pela doutrina e pela jurisprudência.

"Conciliação", palavra derivada do latim "conciliatione", significa ato ou efeito de conciliar, ajuste, acordo ou harmonização de pessoas desavindas; congraçamento, união, composição ou combinação.

"Em sentido jurídico, diz *Reynals*, entende-se por conciliação o ato judicial celebrado perante autoridade pública, entre autor e réu, visando a *arreglar amigablemente sus respectivas pretensiones o diferencias"*, de acordo com as lições de Gallinal, Manresa e Arrazola, lembrados por *Cristóvão Piragibe Tostes Malta* (167). No nosso direito, acrescenta esse último doutrinador, "*conciliação* tanto se emprega com sentido de procedimento de órgão judiciário visando a obter o ajuste entre os interessados, como eqüivale ao próprio acerto efetuado entre as partes"(168) (grifos dos autores). O instituto da conciliação pode ser o canal para resolver pacificamente questões e prevenir conflito no cenário do entendimento entre as pessoas.

2.9.2. Natureza Jurídica. É importante estabelecer a natureza jurídica dos efeitos de direito substantivo e adjetivo produzidos na conciliação que opera como um dos instrumentos da conviviologia jurídica.

Wilson de Souza Campos Batalha estabelece a natureza jurídica: "A conciliação constitui negócio jurídico, com efeitos substanciais entre as partes e efeitos processuais entre as partes e o órgão judicante. Constituindo negócio jurídico, aplicam-se-lhes os princípios que regem os contratos e, assumindo efeitos processuais, aplicam-se-lhes os princípios pertinentes à coisa julgada.(169)

---

(166) Altamiro J. dos Santos, trata de relevante asspectologia da conciliação, desde os antecedentes históricos até a Lei n. 9.958/2000, em seu livro *Comissão de conciliação prévia: conviviologia jurídica & harmonia social.* São Paulo: LTr, 2001.
(167) MALTA, Cristóvão Piragibe Tostes. "Da Competência no Processo Trabalhista", *apud A conciliação nos dissídios individuais do trabalho,* nota 1, São Paulo: LTr, pp. 66-7. *Op. cit.*, nota 1, p. 9.
(168) *Idem, ibidem,* p. 7.
(169) BATALHA, Wilson de Souza Campos. *Tratado de Direito Judiciário do Trabalho,* 3ª ed. ver., atual. e ampl., São Paulo: LTr, 1995, vol. II, p. 75. "Contra el processo verbal (*acta*) se puede proponer querella de falsedad al objeto de impugnar la parte extrínseca (por exemplo, cuando se quiera hacer resultar que se ha hecho constar en actar declaración diverrsa de la efectivamente prestada en aquella sede), mientras que contra la convición son ejercitables los remedios admitidos contra los contratos y con las eventuales limitaciones previstas para cada uno de ellos; se la presencia y la intervención activa del juez en la obra de concilición puede diminuir la posibilidad de vicios, esto es obvio que no pueden ser totalmente excluidos, ya que a la concilición, como regulación entre las partes, no se aplican los principios válidos para los actos procesales" (grifos do autor). *Micheli. Op. cit.*, nota 1, p. 76.

A conciliação pode assumir o aspecto de transação ou de reconhecimento do direito invocado pela parte ou, ainda, de reconhecimento da não-existência desse direito. Nas palavras de Ugo Rocco, normalmente a conciliação ocorre *aliguo dato aliguo retento*, ou seja, com recíprocas concessões: entretanto, pode ocorrer que a conciliação não se revista do aspecto típico da transação, mas como um reconhecimento, total ou parcial, da existência do direito invocado pelo autor, do próprio direito. Em tal caso, antes de uma transação, se poderá falar de um reconhecimento do direito, ou de um reconhecimento da inexistência do próprio direito.

O jurista Christóvão Piragibe Tostes Malta, aponta: "A conciliação é um ato jurídico. Surte efeitos substanciais entre as partes e entre estas e o órgão judicante. Aplicam-se-lhe os princípios que regem os contratos e os pertinentes à coisa julgada"[170].

O douto Floriano Vaz da Silva, Juiz do Tribunal Regional do Trabalho da 2ª Região, membro e ex-Presidente da Academia Nacional de Direito do Trabalho, pontua: "Do convívio forçado, obtido à custa de normas jurídicas inflexíveis, a humanidade caminha para a harmonia social"[171].

Conclui-se que a conciliação como instrumento operador na conviviologia pode pontuar um ato de paz, bem-estar, harmonia e ato jurídico nas relações entre as pessoas.

3. Moral e Ética. Educação e Cultura

3.1. Origem Vocabular

É comum empregar-se moral e ética como sinônimos. Entretanto, a distinção se impõe.

Ensina o jurista *Ruy de Azevedo Sodré:* "A primeira — moral propriamente dita — é a moral teórica, ao passo que a segunda seria a ética, ou moral prática. Ética é a parte da moral que trata da moralidade dos atos humanos.

A *ética* necessita da complementação do termo — profissional — porque ela se aplica a uma atividade particular da pessoa humana"[172]. Acrescenta o mestre: "Moral e Ética têm a mesma raiz etimológica: costume (ciência de costumes), mas são termos diferentes.

---

(170) MALTA, Christóvão Piragibe Tostes. *Comentários à CLT*, 6ª ed. São Paulo: LTr, 1993, p. 426.
(171) SANTOS, Altamiro J. dos. Prefácio do livro *Comissão de conciliação...*, cit., p. 9.
(172) SODRÉ, Ruy de Azevedo. *Ética Profissional e Estatuto do Advogado*. São Paulo: LTr, 1975, p. 39.

Moral é norma dirigida ao bem; é ciência do bem. A sua infração resulta numa sanção, na maioria dos casos, imposta pela nossa própria consciência, que se traduz no remorso. Em outros, a sanção decorre de uma repulsa social. A moral deve integrar-se na *cultura brasileira e estrangeira*, como um pressuposto de conduta para produzir virtude.

Ética vem do grego *etos*, que significa costumes e tem uma etimologia significativa idêntica ao radical latino *"mos"* — donde se origina a expressão moral. Ambas significam *"costumes ou hábito"*. Tanto a moral como a ética se referem à "Teoria dos Costumes"[173] (grifa-se).

3.2. Conceito

Ética profissional é o "conjunto de princípios que regem a conduta funcional de determinada profissão" — diz *Ruy de A. Sodré* [174]. O mestre exemplifica com o profissional da advocacia: "A ética profissional do advogado consiste, portanto, na persistente aspiração de amoldar sua conduta, sua vida, aos princípios básicos dos valores culturais de sua missão, seus fins, em todas as esferas de suas atividades"[175].

3.3. Divisão da Ética

A Ética se divide em: a) Deontologia e; b) Diceologia. O tratadista *Ruy de Azevedo Sodré*, averba: "Deontologia — ciência dos deveres, e Diceologia — ciência dos direitos"[176]. *Jeremias Benthan* foi quem, pela 1ª vez, usou o vocábulo: Deontologia.

3.4. Ética, bússola orientadora do rumo do bem

A ética como *arte* e *ciência* é produtora do bem. Pode servir como bússola para apontar os rumos do presente e do futuro de cada pessoa.

O filósofo do direito *Miguel Reale* averba: "Analisando o problema da *Ética*, entendida como *doutrina* do valor do *bem* e da *conduta humana* que visa realizar, é preciso saber que ela não é senão uma das formas de 'atualização ou de experiência de valores', ou, por outras palavras, um dos aspectos da *Axiologia ou Teoria dos Valores*, que constitui uma das esferas autônomas de problemas postos pela pesquisa *ontognoseológica*, pois o ato de conhecer já implica o problema do *valor* daquilo que se conhece.

---

(173) *Idem, ibidem*, p. 39.
(174) *Idem, ibidem*, p. 39.
(175) *Idem, ibidem*, p. 40.
(176) *Idem, ibidem*, p. 39

Muitas são as questões que se podem projetar no universo da conduta ética humana.

Miguel Reale questiona: "Qual o outro problema da Filosofia que a ciência positiva não resolve, nem está em condições de resolver? É o problema da conduta ou do valor da ação humana.

Por mais que o homem descubra e certifique verdades e seja capaz de atingir leis ou princípios, seus conhecimentos da realidade, *sic et simpliciter*, não envolvem a obrigatoriedade da ação.

O que devemos fazer? Como devemos nos conduzir? Que vale o homem no plano da conduta? O fato de sermos hoje mais ricos de conhecimentos do que o homem selvagem terá, porventura, influído na bondade do próprio homem? O fato de ser portador de maior soma de conhecimentos leva o homem a reconhecer o caminho de seu dever?

Parece-nos que destas perguntas surgem logo outras:

Qual a obrigação do homem diante daquilo que representa as conquistas da ciência?

Que dever se põe para o homem em razão do patrimônio da técnica e da cultura que a humanidade conseguiu acumular através dos tempos?

A ciência pode tornar mais gritante o problema do *dever*, mas não o resolve. Os conhecimentos científicos tornam, às vezes, mais urgentes a necessidade de uma solução sobre o problema da obrigação *moral*, mas não implicam qualquer solução, positiva ou negativa. O problema do valor do homem como *ser que age*, ou melhor, como o *único ser que se conduz*, põe-se de maneira tal que a ciência se mostra incapaz de resolvê-lo. Este problema que a ciência exige, mas não resolve, chama-se problema *ético*, e marca momento culminante em toda verdadeira Filosofia, que não pode deixar de exercer uma função teleológica, no sentido do aperfeiçoamento *moral da humanidade* e na determinação essencial do valor do *bem*, quer para o indivíduo, quer para a sociedade.

As ciências positivas, com suas leis e teorias, não deixam, é claro, de exercer influência sobre nosso comportamento, assim como sugerem caminhos adequados à consecução de *fins*. Estes resultam, porém, do reconhecimento de valores objetivos que são a razão de ser da *conduta*.

A atitude do homem perante o homem e o mundo e a projeção dessa atitude como atividade social e histórica, eis o tema nuclear e até mesmo dominante da Filosofia.

Kant já havia formulado as perguntas retrocitadas, de maneira bem clara, destinando a cada série delas uma de suas obras clássicas[177] (grifa-se).

As respostas de cada *quaestio facti et quaestio juris*, ou seja, cada questão de fato e questão de direito requer equilibrada e profunda reflexão na *leitura* ou releitura da escola da vida.

Miguel Reale, analisando o problema da *ética*, entendida como doutrina do valor do *bem* e da conduta, ensina: "Cada homem é guiado em sua existência pelo primado de determinado valor, pela supremacia de um foco de estimativa que dá sentido à sua concepção da vida. Para uns, o belo confere significado a tudo quanto existe, de maneira que um poeta ou um escultor, por exemplo, possui uma concepção estética da existência, enquanto que se subordina a uma concepção ética, e outros ainda são levados a viver segundo uma concepção utilitária e econômica à qual rigidamente se subordinam"[178].

Francisco Luiz Macedo Júnior e *Antônio Marcelo Rogoski Andrade* destacam o valor das regras de ética: "Para o conciliador a ética diz com o sentimento coletivo de não ultrapassar os limites de suas funções, atuando sem abusos e com o interesse voltado para o *bem* e para o *bom* desempenho da tentativa conciliatória"[179] (grifa-se).

Os autores e especialistas em conciliação jurídica em *Grupo Operativo*, destacam o valor das regras éticas: "A ética é um juízo de apreciação da conduta humana pelo ponto de vista do *bem* e do *mal*, seja relativamente a determinada sociedade, seja de modo absoluto"[180] (grifa-se).

3.5. Educação e Cultura

3.5.1. Educação. O convívio humano não pode se esquecer da educação. *Albino Aresi* ensina: "Só a educação poderá valorizar o homem. Isso, porque, como bem escreve *Dupanloup*: Educar é cultivar, exercitar, desenvolver, fortificar e polir todas as faculdades físicas e intelectuais, morais e religiosas que, na criança, constituem a natureza e dignidade humanas". Diz ainda: "Educar é despertar na criança o desejo do bem. É entusiasmá-la para um ideal nobre. '*My place is in the top*'.

---

(177) REALE, Miguel. *Filosofia do direito*, 14ª ed. atual., São Paulo: Saraiva, 1991, pp. 34-5.
(178) REALE, Miguel. *Filosofia ...*, cit., p. 37
(179) MACEDO Jr., Francisco Luiz & ANDRADE, Antônio Marcelo Rogoski. *Manual de Conciliação*. Curitiba: Juruá, 1999, p. 48.
(180) *Idem, ibidem*, p. 48.

É responder à grande interrogação: 'Donde viemos? O que somos? Para onde vamos?' E com isso prepará-la para viver sua vida dentro do presente, de modo que possa atingir os fins temporais e eternos"[181] (grifos do autor).

Entretanto, não se pode olvidar de que a educação está em crise e nem sempre ensina a pessoa a pensar.

Augusto Jorge Cury, salienta que a educação precisa passar por uma revolução: "A educação no mundo inteiro está passando por crises. Estamos formando homens cultos, mas não homens que pensam. Estados formando homens que dão respostas ao mercado, mas não homens maduros, completos, que sabem se interiorizar, pensar antes de reagir, expor e não impor as suas idéias, trabalhar em equipe, que amam a solidariedade, que sabem se colocar no lugar do outro"[182].

3.5.2. *Cultura*. Ela não é um fenômeno isolado e nem contemporâneo. O douto *Virgílio Noya Pinto*, vai mais longe em seu magistério a respeito da atividade humana: "é necessário considerá-la integrada aos processos culturais e, para estudar sua evolução, não é possível desvinculá-la da cultura"[183].

O autor cita *Herskovits* que define a cultura como "a parte do ambiente feita pelo homem" e *E. B. Taylor*, numa conceituação pormenorizada, focaliza-a como "o conjunto complexo que inclui conhecimentos, crenças, arte, moral, leis, costumes e quaisquer capacidades e hábitos adquiridos pelo homem como membro da sociedade".[184][185].

Mas não é só. *Miguel Reale* ensina: "a cultura é o conjunto de tudo aquilo que, nos planos material e espiritual, o homem constrói sobre a base da natureza, quer para modificá-la, quer para modificar-se a si mesmo. É desse modo, o conjunto dos utensílios e instrumentos, das obras e serviços, assim como das atitudes espirituais e formas de comportamento que o homem veio formando e aperfeiçoando, através da história, como cabedal ou patrimônio da espécie humana.

Não vivemos no mundo de maneira indiferente, sem rumos ou sem fins. Ao contrário, a vida humana é sempre uma procura de valores"[186].

---

(181) ARESI, Frei Albino. *Op. cit.*, vol. 1, pp. 98-9.
(182) CURY, Augusto Jorge. *A pior prisão...*, cit., p. 66.
(183) PINTO, Virgílio Noya. *Comunicação e Cultura Brasileira*, 5ª ed., São Paulo: Ática, 1999, p. 5.
(184) HERSKOVITS, Melville J. *El hombre y sus obras*. México: Fondo de Cultura Económica, 1952, p. 29. *Op. cit.*, nota 1, p. 6.
(185) TAYLOR, E. B. *Op. cit.*, p. 6.
(186) REALE, Miguel. *Lições Preliminares de Direito*. 19ª ed. rev. São Paulo: Saraiva, 1991, pp. 25-6.

Miguel Reale pontifica ainda: "A convivência dos homens, ao contrário, é algo que se modifica através do tempo, sofrendo influências várias, alterando-se de lugar para lugar e de época para época. É a razão pela qual a Sociologia é entendida, pela grande maioria de seus cultores, como uma ciência cultural"[187].

Conclui-se que a Moral, a Ética e a Cultura são importantes fontes para fundar a construção do bem.

4. Direito e Comunicação

4.1. Direito

O clássico jurista *Eduardo Espínola* cita *Inehmann;* que conceitua: "O direito é o conjunto das normas reconhecidas pela sociedade constituída e a moral o complexo das regras reconhecidas pela sociedade não constituída. *Capitant* salienta, com razão, que a organização social não repousa exclusivamente sobre o direito, mas também sobre a moral e que ambos editam preceitos obrigatórios. Diferente, porém, é o modo de sanção: as prescrições da moral dirigem-se à consciência, o infrator não se expõe a uma repressão material, mas simplesmente a censura dos concidadãos; as do direito são asseguradas pelos poderes públicos".

Os mestres de todos os tempos *Colin et Capitant* observam, segundo a célebre fórmula de *Bentham:*"o direito e a moral têm o mesmo centro, mas não a mesma circunferência; suas esferas de ação respectivas são essencialmente diferentes, sendo muito mais extensa a da moral[188]"[189].

O jurista *Antonio Costella* pontifica: "Direito é o conjunto das normas gerais e cogentes que regulam a vida social"[190].

4.2. Comunicação

Saber ouvir é uma das mais importantes ferramentas de comunicação. Nesse sentido é o magistério de *Ademir Paulo Rodrigues*, Mestre em Educação, *verbis:* "A medida que vai inteirando-se da arte de ouvir, irá acumulando conhecimentos sobre a pessoa humana e interagindo com mais espontaneidade"[191].

---

(187) *Idem, ibidem*, p. 31.
(188) "Cours élémentaire de droit français", 5ª ed., vol. 1º, 1927, p. 2. *In: Sistema do Direito Civil Brasileiro*, nota 21, Rio de Janeiro: Rio, 1977, p. 36.
(189) ESPÍNOLA, Eduardo. *Sistema do Direito Civil Brasileiro.* Rio de Janeiro: Rio, 1977, p. 36.
(190) COSTELLA, Antonio. *Direito da Comunicação.* São Paulo: Revista dos Tribunais, 1976, p.3.
(191) *Idem, ibidem*, p. 51.

Os profissionais e órgãos de comunicações exercem uma *nobre função social* na formação de conduta moral, ética, cultural, educacional, social, informativa, política, econômica, tecnológica, científica e outras. É o canal de entendimento entre interlocutor laboral, social e político: *emissor, mensagem* e *receptor*.

Osmar Medeiros, com inteligência, salienta: "E no campo da comunicação veremos que só o homem consegue articular palavras; só o homem registra as coisas que faz. Só o homem transmite conhecimentos de geração a geração. Só o homem faz a história"[192].

Antonio Costella escreve que o "Direito da Comunicação é o conjunto das normas gerais e cogentes que regulam a existência e a atuação dos meios de comunicação.

Os meios de comunicação constituem um fenômeno da vida social do homem. Como tal, estão submetidos ao Direito"[193].

Orlando Soares pontifica: "A psicologia comprovou que a maior angústia humana é o desejo de acertar"[194].

O mestre frisa ainda: "O direito positivo, conseqüentemente, é o conjunto de normas jurídicas que regem determinado povo"[195]. Acrescenta: "Os meios de comunicação transformaram-se assim não só em poderosos veículos de cultura, mas também em formas de cultura, filosofia, política, medicina, arte, literatura, matemática, astronomia, daí afirmar-se que o progresso em geral, tem como causa primeira o progresso lingüístico como se salientou"[196].

Conclui-se que a comunicação é relevante fonte na formação de princípios para formação do modelo jurídico de conduta humana no convívio social.

5. Poder da Palavra e Oratória

5.1. Análise Preliminar

A palavra é tão importante que os *antecedentes culturais* estão assinalados no Livro de *Gênesis*, registrando que *Moisés*, por volta de 1440 a.C., louvando-se em relatos *escritos* e *orais* começou a escrever o Livro Sagrado: *a Bíblia*. Trata-se de um lídimo monumento, cujo *poder da palavra*, durante séculos e até hoje, é o mais cultivado do mundo.

---

(192) MEDEIROS, Osmar. *Op. cit.*, p. 135.
(193) COSTELLA, Antonio. *Op. cit.*, p. 3.
(194) SOARES, Orlando. *Direito de Comunicação*, 2ª ed., Rio de Janeiro: José Konfino, 1965, p. 177.
(195) *Op. cit.*, p. 11.
(196) *Idem, ibidem*, pp. 173-4.

Registra o *livro dos livros:* "O entendimento, para aqueles que o possuem, é fonte de vida" e "Palavras agradáveis são como favo de mel: doces para a alma e medicina para o corpo" (Provérbios 16:22 e 24). E ainda: "Porque todos tropeçamos em muitas coisas. Se alguém não tropeça no falar, é perfeito varão, capaz de refrear também todo o corpo" (Tiago 3:2)[197].

O *poder* da palavra oral, escrita, semiológica e semântica *é* imenso e nem sempre reflete-se sobre *ele*.

A comunicação interpessoal ocorre não só por meio da palavra escrita ou falada, como acentua o mestre *Ademir Paulo Rodrigues*, mas também por: "Gestos, postura, tom de voz, ritmo de voz e entonação. Aqui estão cinco regras, as quais, se forem observada, farão de você um conversador interessante. Elas são a diferença entre os *bons* e os *maus* conversadores"[198] (grifa-se). O autor salienta ainda: "*Saiba o que dizer.* Se você não souber exatamente o que dizer, é melhor não abrir a boca". Acrescenta mais: "Tenha cuidado com as coisas que você diz. Quem fala sem pensar pode atrair a própria condenação. A palavra é uma flecha poderosa que atinge a profundidade da alma. É uma semente que pode produzir flores perfumadas, ou ramos de espinhos"[199] (grifos do autor).

Há que se guardar o exato sentido de entender e compreender a palavra.

O sucesso do poder da palavra depende de saber falar e escrever com clareza a língua que se utiliza. É um desafio e uma dificuldade dos povos no mundo.

Muitos são os clássicos exemplos de quem falava e escrevia corretamente. Entre outros: *Ruy Barbosa* e *Carneiro Ribeiro*. Na atualidade o jornalista *João Gabriel de Lima* cita outros dois exemplos de reconhecida competência no Brasil, que falam e escrevem corretamente a língua portuguesa. São eles: o professor *Pasquale Cipro Neto* e o economista *Reinaldo Polito*. Acrescenta o analista: "A verdade é que as pessoas finalmente perceberam que precisam dominar a norma culta do idioma. Principalmente na vida profissional. Nunca, no mundo corporativo, houve tantas reuniões e apresentações. Quem não consegue articular pensamentos com clareza e correção tem grande entrave à ascensão na carreira"[200].

---

(197) *Bíblia de Estudos Vida...*, cit., pp. 982 e 1.892.
(198) RODRIGUES, Ademir Paulo. *Op. cit.*, p. 109.
(199) *Idem, ibidem*, pp. 109-110.
(200) LIMA, João Gabriel de. " Cultura — falar e escrever, eis a questão". *Revista Veja*, edição 1.725, ano 34, n. 44, São Paulo: Abril, de 7 de novembro de 2001, p. 104.

Maître Maurice Garçon assevera: "A natureza e a arte concorrem igualmente para fazer um orador. Um certo número de qualidades naturais são necessárias, mas a natureza só por si não fornece as mais das vezes senão uma matéria incompleta. É preciso acrescentar uma disciplina. É essa disciplina, justamente, que constitui toda a parte técnica da arte oratória"[201]. Diz ainda: "Ao completo domínio da língua deve reunir-se uma sólida cultura geral"[202].

A palavra tem o poder de fazer *rir* ou *chorar*. Oferece *esperança* ou *desolação*. Com a palavra pode-se expressar a intenção mais *nobre*, e também o desejo mais *profundo*.

Ao longo da história humana os maiores líderes e pensadores usaram o *poder da palavra* para transformar as emoções, recrutar pessoas para suas causas e moldar o curso do destino.

Anthony Robbins, destaca o vocabulário do sucesso: "As palavras podem não apenas criar emoções, mas também criar ações. E de nossas ações fluem os resultados de nossas vidas"[203].

Acrescenta mais o cientista social: "Uma seleção eficaz de palavras para descrever experiência de nossas vidas pode expandir nossas emoções mais fortalecedoras. Uma seleção de palavras inferiores pode nos destruir, com a mesma certeza e rapidez. A maioria das pessoas faz opções inconscientes nas palavras que usa; avançamos como sonâmbulos pelo labirinto de possibilidades à nossa disposição. Compreenda agora o poder que suas palavras comandam, se apenas as escolher com sensatez"[204].

5.2. Língua e Fala

Qual a diferença entre a língua e a fala? Qual a importância da língua e da fala para a conviviologia jurídica, a oratória, o direito e a comunicação?

Quantas vezes por *dia* já se fez uma reflexão a respeito de sua importância? Por mês?

Ronald Barthes, especialista em Semiologia, enfatiza: "Língua e fala: cada um destes dois termos só tira evidentemente sua definição plena do processo dialético que une um ao outro: não há língua sem

---

(201) GARÇON, Maître Maurice. *Eloqüência Judiciária*. Trad. Zilda Felgueiras, Rio de Janeiro: Casa do Estudante do Brasil, 1949, p. 30.
(202) *Idem, ibidem*, p. 35.
(203) *Idem, ibidem*, pp. 19-20.
(204) *Idem, ibidem*.

fala e não há fala fora da língua; é nessa troca que se situa a verdadeira praxis lingüística, como o indicou *Maurice Merleau-Ponty* "[205].

A tratadista acrescenta: "A Língua é, em suma, o produto e o instrumento da fala, ao mesmo tempo: trata-se realmente, portanto, de uma verdadeira dialética"[206].

O autor ensina ainda: "O signo é, pois, composto de um significante e um significado. O plano dos significantes constitui o plano de expressão e o dos significados o plano de conteúdo". E completa o mestre, a distinção proposta por *A. J. Greimas*: "Semântica = quando se refere ao conteúdo; Semiologia = quando se refere à expressão"[207].

Por isso, o signo semiológico também é, diz *Barthes*: "como seu modelo, composto de um significante e um significado (a cor de um farol, por exemplo, é uma ordem de trânsito no código rodoviário, mas dele se separa no nível de suas substâncias"[208].

Se a língua é o produto e o instrumento da fala; se é uma verdadeira *dialética;* a *palavra* é o canal ou instrumento operador do direito, da dialética, da conviviologia jurídica, da oratória, da comunicação e outros ramos da ciência e da arte. A *palavra* é sempre marcante e poderosa.

5.3. Força Operadora da Palavra

Louise L. Hay enfatiza o poder da palavra: "Estamos aprendendo que os pensamentos têm o poder de criar e que devem ser moldados para que dêem origem a coisas boas". Diz ainda:

"Existe um poder imenso nas palavras faladas, mas poucos de nós temos consciência dele. As palavras devem ser consideradas os alicerces daquilo que construímos na vida. Usamos palavras o tempo todo e raramente pensamos no que dizemos e como falamos"[209].

Alfeu Gomes Pepes, estudioso do direito, aponta o poder da palavra falada: "Observamos o líder no panorama histórico e, veremos então que, sua preeminência é conseguida, principalmente, pelos recursos da palavra falada. Quem poderia ignorar o prestígio daqueles que, pela oratória, convencem e conduzem?" E acrescenta: "Sempre a oratória, na manifestação e na influência dos líderes, decidindo os desti-

---

(205) BARTHES, Ronald. *Elementos de Semiologia.* Trad. de Izidoro Blikstein, São Paulo: Cultrix, 1964, p. 19.
(206) *Idem, ibidem,* p. 19.
(207) *Idem, ibidem,* pp. 43 e 48.
(208) *Idem, ibidem,* p. 44.
(209) HAY, Louse L. *O Poder da palavra,* vol. 17, São Paulo: Martin Claret, 1999, pp. 9-10.

nos dos povos e das criaturas. Ódio e simpatia, egoísmo e dedicação, concórdia, entusiasmo, tristeza e esperanças, tudo revela, tudo difunde, com poder incomensurável, a palavra humana"[210].

Reginaldo Polito, professor da arte oratória, enfatiza: "A palavra é o dorso por onde caminham nosso raciocínio e sentimentos. Sem ela, dificilmente poderíamos externar o que pensamos ou queremos.

O orador que possui um extenso vocabulário e encontra palavras com facilidade para identificar seus pensamentos estará contando com uma poderosa arma para ser vitorioso na comunicação"[211].

João Meireles Câmara, advogado militante no Tribunal do Júri e Professor consagrado de oratória, em São Paulo, tratando a respeito do *poder da palavra*, focaliza: "A prática da oratória gera mudanças espontâneas em nosso comportamento. Mudanças positivas, sempre para melhor. ... Uma voz de comando vive a ecoar dentro de nós. Eu sou capaz, tu és capaz, nós somos capazes.

Juntos, no ideal, na luta pelas boas causas, na compreensão, no amor e nas dificuldades, uniremos nossas forças e estas haverão de superar todas as fraquezas próprias aos seres humanos.

Um bom discurso nada mais é do que uma boa idéia vestida com palavras adequadas". E mais: "Falar e pensar. Falar e pensar só o ser humano é capaz. E falar pensando e pensar falando é privilégio de alguns. Só em um estágio mais adiantado do desenvolvimento humano as pessoas conseguem alcançar esta etapa de melhor aproveitamento da inteligência.

A palavra tem o condão de plantar idéias, semear confiança, excitar a mente para agir, alimentar esperança, edificar o amor, construir o bem. Pode, também, plantar a semente do ódio e fazer frutificar o desentendimento"[212].

O autor exemplifica a *força operadora da palavra*, na resposta dada pelo *interlocutor*, no enigma que lhe é proposto: "Qual é o animal que pela manhã caminha com quatro, ao meio-dia com dois e à tarde com três pés? A resposta todos sabem, *é o homem*. Anda de quatro pela manhã, quando engatinha (a infância); anda com dois na parte mais vital de sua existência, é o meio-dia, quando não precisa de auxílio para equilibrar-se; e anda com três pés na tarde de sua existência,

---

(210) PEPES, Alfeu Gomes. *Curso de oratória moderno*. São Paulo: Julex, 1984, pp. 132-3.
(211) POLITO, Reginaldo. *Como se tornar um bom orador e se relacionar bem com a imprensa*. São Paulo: Saraiva, 1995, p. 39.
(212) CÂMARA, João Meireles. *Técnicas de oratória forense e parlamentar*. São Paulo: Acadêmica, 1989, p. 13.

quando os anos já alquebraram suas forças, atrofiaram seus movimentos; então ele apoia-se no bastão para caminhar. ... A vida é uma guerra constante, cujo combate maior trava-se num longo discurso"[213].

Pontua-se esta *bela* e *rica* fonte do saber, em síntese, é verdade, mas pode ser uma semente necessária para despertar a vontade de pensar grande e alcançar a tribuna do sucesso, *objetivo presente* sempre na vida de todas as pessoas.

5.4. Eloqüência, Retórica e Dialética

Destaca-se os importantes antecedentes históricos da filosofia dos sofistas. *João Meireles Câmara*, registra o sofisma e sabedoria: "Foram os filósofos sofistas mestres respeitáveis, que muito contribuíram para a formação da sociedade grega. Ensinavam política, moral, retórica, filosofia, dialética, eloqüência, a arte de bem raciocinar, enfim, a ciência da vida prática. Com o tempo a eloqüência e a retórica ganharam preponderância sobre as outras matérias"[214].

O método de ensino dos sofistas fundava-se na dialética, conforme cita *João Meireles Câmara*, *verbis:* "Para fazer triunfar seus argumentos, utilizavam-se da dialética, que para eles é "a arte de raciocinar e de argumentar com método e justiça".

Tendo a dialética a seu serviço, como a arte de argumentar, utilizavam-se do silogismo. Sabe-se que o silogismo é o "argumento formado de três proposições ou premissas, que se dividem em: a) primeira (premissa maior); b) segunda (premissa menor); c) terceira (conclusão).

Chega-se à conclusão por meio das premissas maior e menor. *Ex. clássico*: Todos os homens são mortais (*premissa maior*). Ora, eu sou homem (*premissa menor*), logo, sou mortal (*conclusão*)"[215] (grifos do autor).

O mestre aponta ainda "Orgamon" ou tratado de lógica e de retórica de *Aristóteles*: "A retórica consiste na faculdade de descobrir todos os meios possíveis, capazes de convencer e persuadir os ouvintes, sobre qualquer assunto, por mais difícil que seja, quando exposto pela palavra oral".

Foi do seu livro, *Orgamon*, ou *tratado de lógica e retórica*, que os escritores de obras sobre oratória, de todos os tempos, extraíram matéria para seu trabalho.

---

(213) *Op. cit.*, p. 63.
(214) *Op. cit.*, p. 83.
(215) *Op. cit.*, pp. 83 e 85.

Funda-se Aristóteles mais no sentimento do que nas provas, enquanto os sofistas baseavam-se na lógica e na dialética"[216] (grifos do autor).

Maître Maurice Garçon, de l'Académie Française, trata também com propriedade sobre a retórica. Diz ele: "A retórica propõe-se, tão somente, permitir ao orador a valorização de suas qualidades: saber construir, aprender a ser claro, acessível, convincente, e a colocar na sua mão o maior número possível de triunfos". E mais: "A retórica não tem por objeto ensinar a pensar ou a meditar; propõe-se somente ensinar a utilizar os pensamentos que, porventura, se tenham"[217].

O mestre de todos os tempos destaca que a eloqüência e a retórica devem ser exercidas com clareza e utilidade: "A clareza é a qualidade principal. Domina tudo. ... O orador deve, em primeiro lugar, tornar o que diz acessível aos que o escutam e evitar-lhes, o mais possível, o esforço e trabalho. Deve procurar conseguir que os raciocínios, mesmo os mais complicados, apareçam como verdades tendentes a evidência. Uma das habilidades de Henri Robert residia em que cada um dos seus argumentos se reduzia a proposições simples que não apareciam poder sofrer nenhuma contradição"[218].

Pedro Nunes conceitua a dialética: "É a arte de raciocinar, de deduzir e persuadir com método e justeza; modo de argumentar e discutir ou debater com fundamento na lógica. Argumentação segura, engenhosa e fundamentada: dialética judiciária"[219].

A palavra é poderoso instrumento da eloqüência, da retórica e da dialética

5.5. Oratória e Orador

5.5.1. Análise Preliminar. A oratória, enquanto arte como fonte de mensagem, constitui mecanismo e diretriz para a conviviologia jurídica.

João Meireles Câmara, focaliza a oratória: "Queremos, sim, eficiência no falar, precisão no dizer, capacidade e firmeza no argumentar. É esta a oratória a cujo estudo nos dedicamos. Oratória é o veículo mais antigo e o mais eficiente da comunicação". Diz mais o autor: "A comunicação é mais abrangente. A comunicação está para a oratória assim como o direito está para a moral. O direito é abrangente, a moral é restrita. O direito atinge a todos, a moral a alguns. Tem-se que o

---

(216) GARÇON, Maître Maurice. Op. cit., p. 85.
(217) Idem, ibidem, p. 29.
(218) Idem, ibidem, p. 86.
(219) NUNES, Pedro. Dicionário de Tecnologia Jurídica, vol. I, Rio de Janeiro: Freitas Bastos, 1976, p. 339.

direito é igual para todos. A moral de uns não é a moral de outros. ... A moral não tem sanções. Só a consciência do indivíduo o julga pelo que ele faz ou deixa de fazer. O direito contém sanções às quais o indivíduo ou obedece ou sofre as conseqüências de sua desobediência"[220].

O consagrado *Rui Barbosa*, com seu poder da palavra, ao mesmo tempo emprega a linguagem, a dialética e a eloqüência: "A linguagem do advogado, embebida na mais cerrada dialética e nos estilos de uma eloqüência arrebatadora, assumia tonalidades apocalípticas, dando a entender que o Supremo Tribunal iria mexer numa caixa de Pandora, porque se lhe oferecia o ensejo inaugural de, interpretando a Carta Magna, ou quebrar o encanto da força desmesurada do Executivo, ou então mostrar que falhara no cumprimento de sua augusta missão"[221].

Outro atributo importante do orador é a *naturalidade*. *Maítre Maurice Garçon* enfatiza: "A arte oratória atinge a sua perfeição quando o discurso parece não ter exigido nenhum esforço. ... O orador deve levar os ouvintes a partilhar os sentimentos que experimenta. Para comunicá-los tem de interpretá-los. Serão tanto mais bem comunicados quanto forem apresentados com mais verossimilhança e traduzidos por uma expressão mais adequada"[222]. Averba também o cientista da oratória: "Gostaríamos de propor, para a palavra naturalidade, um sentido particular, no domínio oratório. A naturalidade consiste, não numa ausência de fausto, requinte ou aparato, mas numa forma de estilo falado absolutamente apropriado às necessidades do assunto. A complicação do raciocínio não é um obstáculo à naturalidade, que tem por essência a interpretação exata do pensamento, sob uma forma tal que todo o esforço aparente desapareça"[223].

Conclui o cientista da oratória: "Uma grande parte do talento de um orador consiste em dissimular a sua arte e mostrar uma naturalidade que cria, entre o ouvinte e ele próprio, uma corrente de simpatia e de confiança"[224].

Reinaldo Polito, ensina quanto a naturalidade: "Essa é a mais importante qualidade de um bom orador. Não existe técnica em comunicação, por mais elaborada e precisa que seja, mais relevante que a naturalidade". O mestre acrescenta outro atributo — *a emoção*: "Para a conquista do objeto maior, que é fazer com que o público se envolva,

---
(220) *Op. cit.*, p. 94.
(221) NOGUEIRA, Rubem. *O Advogado Rui Barbosa: Momentos culminantes de sua vida profissional*, 4ª ed. rev., Salvador: Nova Alvorada, 1996, p. 107.
(222) *Op. cit.*, pp. 99-100.
(223) *Op. cit.*, p. 103.
(224) *Op. cit.*, p. 115.

aceite e haja de acordo com suas propostas, é preciso que, além da naturalidade, o orador fale com emoção. ... A emoção do orador é revelada pelo entusiasmo com que abraça uma causa, pelo envolvimento que demonstra na defesa de suas idéias e pelo interesse que dedica ao assunto sobre o qual escolheu falar"[225].

Mas não é só, o orador deve estabelecer um plano de trabalho para o exercício da arte do poder da palavra.

Reinaldo Polito acentua: "A utilidade, a clareza e a naturalidade não se obtém senão com a condição de concorrerem a um quadro fixado, para realizar um desenvolvimento meditado. Todas as qualidades, que são necessárias, não seriam valorizadas se não se encontrassem nos limites de um *plano definido*, sem o qual a mais bela defesa pareceria desordenada e não permitiria ao juiz seguir o desenvolvimento das idéias, nem sentir a sua influência"[226] (grifa-se).

O modelo da arte oratória registra importante marca histórica. *Maître Maurice Garçon*, aponta com sabedoria: "Depois de Quintiliano, que reuniu na sua obra admirável todos os segredos da arte oratória do seu tempo, não se acrescentou grande coisa ao ensino da eloqüência". Diz ainda: "Em dois gêneros diferentes, Lísias e Demóstenes deixaram obras que atingem a perfeição; mais próximos de nós, mais acessíveis ao nosso espírito e mais apropriados ao exercício que recomendamos, devemos situar em primeiro plano os discursos *de Cícero*. Educado nas escolas grega e romana, *Cícero* aprofundou todos os métodos ensinados"[227].

5.5.2. *Orador*. O que é um orador? Todos são, de certa forma, em determinadas circunstâncias, "*oradores*". Raro, porém, é aquele que o é efetivamente. A confusão deve-se ao fato de se usar o mesmo qualificativo para todos os que, eventualmente ou não, fazem uso da palavra, ainda que não tenham as qualidades de um autêntico tribuno.

Maître Maurice Garçon, em magistral alinhamento, enfatiza: "Se admitirmos que o orador é um homem que fala e que a palavra foi feita para exprimir o pensamento e permitir sua comunicação, devemos reconhecer que a eloqüência é, antes de mais nada, a arte de saber exprimir e comunicar o nosso pensamento de uma maneira bastante convincente para o impor. O que pratica a eloqüência possui um processo de dar ao seu discurso um tal movimento que consegue *comover* e *convencer*"[228].

---

(225) *Como se tornar um bom orador e se relacionar bem com a imprensa*. São Paulo: Saraiva, 1995, pp. 14 e 17.
(226) Idem, ibidem, p. 160.
(227) GARÇON, Maître Maurice. *Op. cit.*, p. 49.
(228) Idem, ibidem, p. 8.

Nereu Corrêa cita João Neves que se escuda em Cícero para conceituar o orador: "Eu direi que merece esse belo nome quem, sobre qualquer assunto, saiba falar com exatidão, método, elegância e de memória, não sem uma certa dignidade na ação". Ainda são de Cícero estas palavras: "O perfeito orador é aquele que, pela palavra, instrui, encanta, comove o auditório. Instruir é uma obrigação; encantar, uma honra feita ao que escuta; comover, uma necessidade"[229].

5.5.3. Oratória. O que é a oratória? O literato *Hélio Lopes,* tratando da Literatura Ensaística, sintetiza: "Oratória é a arte de falar em público"[230].

Não se deve olvidar de que a oratória, a comunicação e o direito requerem para a sua elaboração, clareza e utilidade: exórdio ou início, narração ou meta e peroração ou conclusão.

Nesse sentido ensina o especialista em comunicação e oratória, tribuno *Ademir Ramos,* Diretor do Instituto de Comunicação Oral de São Paulo: "Os clássicos denominavam a estas partes, na mesma ordem, de exórdio, narração, confirmação e peroração"[231].

a) Exórdio. O exórdio é o início da oratória. Nesse sentido é o magistério de *Maître Maurice Garçon,* que diz com propriedade: "O exórdio é uma preparação. É por meio dele que o orador toma contato com o auditório. Podemos pois comparar, em certa medida, a sua necessidade a que os autores dramáticos vêem no que eles chamam a cena de exposição de uma peça. É aí que situam a ação e que dão o tom geral da obra. Com as primeiras frases, cria-se a atmosfera e determina-se o movimento que tomará o discurso"[232].

b) Narração. A narração ou desenvolvimento da oratória constitui a parte essencial. *Maître Maurice Garçon* destaca: "De todas as partes do discurso, a narração é a que parece mais essencial. O resultado final depende, em grande parte, da narração". E mais: "As três qualidades principais de uma narrativa são a clareza, a verossimilhança e a vida". E conceitua o especialista: "A clareza reduz-se, as mais das vezes, a uma questão de método, de ordem e de lógica, e a verossimilhança depende do bom senso e da crítica que devemos sempre exercer sobre o que dizemos. Dar vida a uma narração é uma arte muito mais subtil, que alguns possuem naturalmente, mas que pertence muito ao domínio do processo"[233].

---

(229) CORRÊA, Nereu. *A palavra: a arte da conversação e da oratória.* 2ª ed. rev. e ampl. Florianópolis: UFSC, Lunardelli, 1983, p. 33.
(230) LOPES, Hélio. *Literatura Portuguesa.* São Paulo: Filo-Juris, 1975, p. 9.
(231) RAMOS, Ademir. *Moderno curso de oratória.* São Paulo: Brasil, 1975, p. 13.
(232) GARÇON, Maitré Maurice. *Op. cit.,* p. 176.
(233) *Idem, ibidem,* pp. 188 e 195.

João Meireles Câmara, em magnífico magistério salienta a exposição, meio do discurso, narração, argumentação e refutação, para afirmar que é a parte em que o orador vai expor suas razões: "Sendo as finalidades precípuas do discurso comover ou convencer, é na exposição bem feita que a causa começa a ser ganha"[234].

c) *Peroração.* A peroração é o encerramento da oratória. *Maítre Maurice Garçon* salienta: "Com a peroração termina o discurso, cuja qualidade mais em evidência é de ser fluente, e que todavia representou tanto esforço de aprendizagem, de estudos prévios e de trabalho incansável. ... A verdadeira satisfação do orador é mais íntima. Está no sentimento do dever cumprido, no orgulho da obra de arte realizada a contento, na impressão de que o esforço tentado foi compreendido por alguns, e na consciência de ter conseguido o que se almejava"[235].

Há que se policiar o uso da palavra. O poder da palavra, está presente no *exórdio*, na *narração* e na *peroração*.

Na oratória: a língua falada, escrita, semântica e semiológica, pode ser ao mesmo tempo *doce* e *áspera*, que veio da *ocidental praia lusitana*, as primeiras manifestações literárias partiram da *voz dos poetas*. São eles, os poetas, os primeiros a romper o casulo da expressão literária. O verso quase sempre precede a prosa na infância das línguas. Quando surge em Portugal o primeiro prosador nas crônicas geniais de *Fernão Lopes*, a lírica trovadoresca de inspiração provençal já contava com mais de dois séculos de rimas e estrofes de maestria, espalhadas por toda a Península. Aos poucos, porém, a linguagem escrita vai alargando os seus horizontes, mergulha nos domínios da história e da lenda, desperta a imaginação criadora nas novelas de cavalaria — e o pensamento, que antes se arrastava na arte ainda rude dos cronistas, *libra-se nas asas da* poesia em versos trabalhados pelo engenho dos poetas seiscentistas, em uma língua já agora mais desenvolta e elegante. Da *gaia ciência* do medievo ao *stil nuovo* da Renascença transcorreu um vasto período em que a literatura *oral* e *escrita* foi acompanhando a evolução das formas lingüísticas na consciência dos falantes.

Nesse *diapasão* é o magistério de *Nereu Corrêa:* "Enquanto as manifestações dos *sentimentos literários de um povo* não transpõem os domínios da *língua oral* para se fixarem nas *formas escritas, língua* e *literatura* são águas que *nascem na mesma fonte* e *correm juntas* para o *mesmo estuário,* que é a *imaginação popular;* mas, tão logo a

---

(234) CÂMARA, João Meireles. *Op. cit.*, p. 73.
(235) GARÇON, Maítre Maurice. *Op. cit.*, p. 223.

língua oral ganha foros de língua escrita, começa a obra de *aprimoramento dos artistas*, *o trabalho dos escritores* e dos *poetas*, que vão *limando* e *polindo* as formas incultas e heteróclitas da linguagem popular, *criando assim a língua das elites*, vale dizer, a *literatura* na sua *expressão escrita*. E aquelas *águas* que até então corriam juntas sobre o mesmo *leito*, de repente separam-se, *uma continuando* o seu curso, cega e travessa no ímpeto das correntes, levando na superfície todas as impurezas que emergem do fundo ou que jaziam nas margens, mas também recolhendo, aqui e ali, na graça espontânea das criações populares, as flores silvestres, os ramos e os ninhos que vai encontrando na sua passagem: *é a língua do povo, que* não pára nunca de correr, no perpétuo devir do seu *gênio criador*. A *outra* segue *rumo um pouco diferente*, rolando sobre os eixos das formas cultas, num processo de decantação que a torna cada vez mais artificial, requintada: *é* a língua trabalhada pelos *artistas*, a *língua dos escritores*, dos *gramáticos*, dos *professores*, dos *sacerdotes*, em suma, a língua consagrada oficialmente como padrão. O fato de se afastarem uma da outra, não quer dizer que ambas não se cruzem ao longo dos seus destinos, até porque a língua literária necessita, periodicamente, de regressar às suas origens, a fim de renovar-se nesse imenso e inesgotável repositório de formas vivas que é a língua falada pelo povo"[236] (grifa-se).

    O direito, a conviviologia jurídica, a oratória e a comunicação, entre outro ramo do saber, requerem regras básicas. Algumas delas, já expostas; mas não se deve esquecer do magistério do mestre *Nereu Corrêa*: "Se assim é na conversação, com maior razão se devem exigir, no discurso, aquelas palavras liminares que servem de intróito. O exórdio é a motivação empregada pelos mestres antes de entrarem na matéria. Se o orador não deve começar o discurso indo diretamente ao assunto sobre o qual vai falar, também não deve iniciar essas palavras num tom de voz elevado. Como dissemos, tudo tem o seu começo, e todos os começos obedecem a uma gradação natural, seja na escala musical, seja na gama cromática ou no ritmo dos movimentos. O sol, antes de mostrar-se na plenitude do seu fulgor, primeiro se faz anunciar através do exórdio maravilhoso da alvorada, prelúdio de uma sinfonia cósmica que se repte diariamente há milhões de anos. O Pássaro, antes de levantar o vôo, ergue a cabeça, olha o céu, em seguida alça o colo e abre as asas; os pés então se lhe desprendem do solo, libram-se no ar e hei-los agora rasgando o espaço senhor absoluto da amplidão. Mais soberbo que o alçar do vôo é o espetáculo do pouso"[237].

---

(236) CORRÊA, Nereu. *Op. cit.*, pp. 35-6.
(237) *Idem, ibidem*, pp. 127-8.

A *peroração* é tão bela, quanto o *exórdio*.

Não se pode pensar a *conviviologia* sem, antes, estar em sintonia com o *poder da palavra* e com o *direito*. Ambos procuram alcançar a convivência humana, que só opera, se for modulada por regras ou medidas de conduta para produzir o *bem-estar* e o *justo*.

Miguel Reale, aponta, com propriedade, importantes elementos conviviológicos: "Queremos apenas acrescentar que a Moral e o Direito não esgotam a problemática da Ética. Além da conduta moral e da conduta jurídica, existem outras formas de comportamento, que são governadas por outras expressões possíveis do bem, como podemos ver nas chamadas regras de *costumes*, isto é, de convenção social, de trato social, de etiqueta, de elegância, e de civilidade que realizam, a seu modo, o valor do bem.

Em conclusão, a discriminação acima já nos habilita a situar a experiência jurídica como: 1) uma experiência histórico-cultural; 2) de natureza ética; 3) e normativa; 4) que tem como valor fundante o bem social da convivência ordenada, ou o valor do justo"[238] (grifo do autor). Acrescenta o cientista: "A regra representa, assim, um módulo ou medida da conduta. Cada regra nos diz até que ponto podemos ir, dentro de que limites podemos situar a nossa pessoa e a nossa atividade"[239].

Logo, alcançar-se-á o *sucesso* com chave de *ouro* se cultivar o poder da palavra. Se houver também uma *peroração* coroada com êxito: o pôr-do-sol ou pouso do pássaro, a *conclusão* será triunfante.

Conclui-se, destacando as sábias palavras do mestre de todos os tempos *Nereu Corrêa*: "Tão difíceis e importantes são esses dois momentos — o exórdio e a peroração — que *Demóstenes* costumava preparar, a fim de retê-los na memória, vários intróitos, para usá-los na ocasião oportuna. Assim o fazia, também para o remate dos seus discursos, pois, mestre da tribuna, sabia melhor do que ninguém o efeito que produzem na assistência as últimas palavras do orador"[240].

Por isso, conviviólogo, orador, comunicólogo, sociólogo, operador do direito e político devem estar sempre atentos às reações do auditório, para não o cansar, pois a fadiga, revelada entre bocejos indiscretos e movimentos nas cadeiras, é o primeiro sinal de que chegou o momento de *pingar* o ponto final.

A menos que se consiga despertá-lo por outros modos, como bem acentua *Nereu Corrêa*, "como fazia aquele orador de *Paraibuna*, celebrado neste epigrama de *Belmiro Braga*, citado por *Josué Montello*:

---

(238) REALE, Miguel. *Filosofia...*, cit., p. 273.
(239) REALE, Miguel. *Lições Preliminares* ..., cit., p. 37.
(240) CORRÊA, Nereu. *Op. cit.*, pp. 127-8.

*"Um certo orador maçante
das margens do Paraibuna,
ao falar, de instante a instante
vai esmurrando a tribuna.
E quem o conhece, sente,
por mais ingênuo e simplório,
que os murros são simplesmente
para acordar o auditório"*[241].

6. Conclusão

O *ser humano* é capaz de sentir, pensar, criar, decidir e agir. A Conviviologia Jurídica é tão importante, que está presente durante a vida de cada *um*. A personalidade civil da pessoa começa do nascimento com vida; mas a lei põe a salvo, desde a concepção, os direitos do nascituro (Código Civil, art. 2º). Na *vida pessoal*, procura-se o *bem-estar* para sentir alegria, dormir feliz, levantar com a vontade de vencer os desafios e subir ao *pódio* do vencedor, *sempre* e *sem parar*. Assim, deve operar com a lei da harmonia no convívio familiar, profissional, social, econômico, político e demais dimensões de vida, meditando e produzindo o *bem* em todas as suas atividades. Ninguém nasceu para produzir o *mal* nas relações de sua convivência. Nem os animais e outras espécies da natureza entram em *batalha* para destruírem a vida ou mutilar a integridade, um dos outros. Veja, o *exemplo* das aves, das abelhas e das formigas.

---

(241) *Idem, ibidem*, p. 132.

TÍTULO III
VALORES SOCIAIS DO TRABALHO-CAPITAL

Capítulo I
DAS DISPOSIÇÕES GERAIS

1. Análise Preliminar

Os valores sociais do trabalho e da livre iniciativa são consagrados na *Carta Magna* (CF, art. 1º, IV). Devem ser examinados sob uma visão mais ampla e harmonizar o sentido semântico da relação entre o trabalho e o capital. Os agentes econômicos produtores dessas duas poderosas forças, que movem o mundo, são os sujeitos da relação de emprego: *trabalhador e empregador*. Tanto um como o outro não operam só na livre iniciativa, mas no investimento privado, público, misto, autárquico, entre outros, produtores do capital.

A civilização do mundo deve refletir com profundidade a respeito dos valores humanos dos agentes produtivos do trabalho e do capital.

2. Fenômenos Terroristas atingem os Agentes Produtivos da Relação Trabalho — Capital

O cenário preliminar do século XXI e III milênio apontam novo e preocupante *fenômeno,* marcado pelo terror que pontua a sensação de insegurança que desafia as autoridades do mundo. No dia 11 de setembro de 2001, no *World Trade Center* e no Pentágono — nos Estados Unidos, foram ceifadas milhares de vidas humanas, cuja responsabilidade criminosa está caracterizada como do terrorista *Osama bin Laden*. Foi instaurada verdadeira caçada dos terroristas, que resultou na destruição dos fanáticos da Al Qaeda, organização mulçumana responsável, desarticulada no Afeganistão. Na seqüência, foi derrubado o *poder do Iraque*, com a queda do ditador *Saddam Hussein*. Em 11 de março de 2004, outro massacre em Madri, Espanha, com duas centenas de vítimas fatais e mais de 1.500 não-fatais, com mutilações psicofísicas. É evidente que o terrorismo atinge a relação trabalho — capital entre os agentes econômicos.

Os acontecimentos de 11 de setembro de 2001 no *World Trade Center* e no Pentágono, nos Estados Unidos, despertaram uma nova realidade, nunca antes imaginada sob os *olhos* dos habitantes do planeta. A *Revista Veja* em matéria "Especial" *registra:* "Nunca, até onde a memória alcança, uma civilização foi tão escrutinada como a mulçumana está sendo nos dias atuais. Uma cultura e uma fé que viviam relegadas à periferia do mundo dito civilizado despertam agora um interesse voraz em pessoas que até outro dia dispunham de pouquíssimas referências sobre o universo islâmico. Os governos das nações poderosas também estão ávidos por entender e agir de forma a evitar uma explosão nas sociedades dos turbantes que elegeram como seu herói o terrorista *Osama bin Laden* e como bandeira a guerra santa aos valores ocidentais". Escreve mais: "O presidente americano *George W. Bush* visitou a China e obteve do rival asiático um inédito 'apoio irrestrito' à luta contra o terrorismo"[242].

Os analistas, os sujeitos da relação de emprego e outros interlocutores sociais e políticos estão refletindo sobre os rumos do futuro do ser humano. Questionam qual o modelo de universo que se vai vislumbrar no *após-guerra* da violência, da criminalidade e do terrorismo! Será que o futuro pode apontar como conseqüência do episódio do presente novos valores que possam render mais emprego, mais investimentos, mais distribuição eqüitativa de educação, saúde, bens e serviços, rendas e reconhecimento da conviviologia, harmonia social e dignidade humana?

Será que a tese da miséria, da pobreza ou da opressão de algum segmento dos valores sociais do trabalho e do capital será fonte da violência, criminalidade e terrorismo da morte?

A matéria especial editada pela VEJA aponta interessante aspecto sobre a corrida dos países e dos povos que foram deixados para trás na modernização e no bem-estar: "Tampouco se está diante da rendição à idéia de que o terrorismo é produto direto da miséria dos países islâmicos. O ódio ao Ocidente, a seus liberalismos e ao esbanjamento material é, sem dúvida, um ingrediente da insatisfação popular no mundo islâmico. Mas o ato terrorista em si é um crime complexo, frio e calculista. É o resultado de uma ideologia fascista, em geral amparada logisticamente por governos criminosos. Fossem a miséria e a opressão o alvo do terrorismo islâmico, o mais razoável seria que ele se tivesse abatido sobre *Saddam Hussein*, o ditador do Iraque, ou a família real da Arábia Saudita. Saddam já matou mais mulçumanos dissidentes que a intervenção americana no Oriente. A monarquia saudita concentra entre seus familiares 40% do PIB do país que governa com poderes ditatoriais, uma apropriação de riqueza indecente que se repete em vários países mulçumanos, como no sultanato asiático de

---

(242) "A Guerra Real do Fanatismo". *Revista Veja*, edição 1.724, ano 34, n. 43, São Paulo: Abril, 31 de outubro de 2001, p. 42.

Brunei, onde tudo o que se produz pertence à casa governante. A mudança de mensalidade que parece estar em curso nas lideranças dos países ricos visa a aliviar as tensões que não justificam o terrorismo diretamente, mas acabam por insuflá-lo". Prossegue citando *Samuel Huntington*, o famoso professor de Harvard e autor da tese do "choque das civilizações" que diz: "É urgente começar a ouvir os países pobres, os não-ocidentais. É preciso evitar um novo *apartheid* a todo custo"[243].

Crimes do terrorismo perpetrados contra vítimas inocentes a caminho do trabalho, atinge tragicamente a humanidade.

O jornalista *Jaime Klintowitz*, em magnífica pesquisa sobre o *11 de março de 2004 — o século marcado pelo signo do terror*, registra: "A ascensão dessa modalidade de violência ao centro do cenário se deve, na definição do americano Walter Laqueur, um dos mais respeitados estudiosos do fenômeno, à combinação de fanatismo e armas eficientes num quadro de crescente vulnerabilidade das sociedades dos países desenvolvidos. 'Nunca antes, na história humana, pequenos grupos tiveram tal poder de destruição', escreveu *Laqueur*.

A pedra inaugural do século foram os ataques aos Estados Unidos em 11 de setembro. O massacre de Madri ... marcou um ponto de virada. Confirma a percepção dos especialistas de que terroristas de todos os matizes abraçam o *modus operandi* islâmico. A lógica consagrada pela turma de Osama bin Laden consiste em derramar o sangue de inocentes de modo tão espetacular que não possa ser ignorado pelos governos, pela mídia ou pelo homem comum nas ruas. Apesar de o terrorismo ser o mal do século XXI, suas origens se perdem na Antiguidade. A vertente contemporânea tem raízes nos anarquistas do século XIX. Eles acreditavam que a melhor forma de promover mudanças sociais e políticas era assassinar os poderosos"[244] (grifos do autor).

Inspirados por Bin Laden, os radicais de Alá multiplicam os grandes atentados. Todos querem ser Al Qaeda, enfatiza a jornalista *Vilma Gryzinski* em importante matéria que inicia questionando: "A cada vez que acontece um atentado de alto impacto, repete-se a pergunta incontornável: foi a Al Qaeda? A resposta, na maioria dos casos, é não. Mas também pode ser sim. A hipótese negativa vale caso se considere apenas a Al Qaeda em senso estrito, a organização consolidada em torno do saudita Osama bin Laden, com uma cadeia de comando estabelecida e um pequeno número de militantes, hoje em boa parte desarticulados ou simplesmente mortos pelas forças americanas no Afeganistão.

---

(243) *Idem, ibidem*, p. 44.
(244) "11 de março de 2004 — O século marcado pelo signo do terror". *Revista Veja*, edição 1.845, ano 37, n. 11, São Paulo: Abril, 17 de março de 2004, p. 44.

Mas a resposta pode ser positiva quando se toma a Al Qaeda pelo significado original da palavra em árabe, que quer dizer base ou rede, indicativos de uma estrutura capilar, fragmentada, espelhada por toda parte". Acrescenta: "Esta, obviamente, é a notícia mais assustadora: varrida do poder e dizimada no Afeganistão, a Al Qaeda está se multiplicando, nem que seja sob a forma de clones, como indica a proliferação de atentados de grande alcance. Enquanto para a maioria da humanidade os seqüestros mortíferos da Al Qaeda em 11 de setembro de 2001 nos Estados Unidos foram vistos como um ataque bárbaro contra civis alheios aos embates do extremismo mulçumano, para os fundamentalistas de diversas extrações foi uma vitória fenomenal, um feito a ser celebrado — e emulado. Hoje, nesse mundo das sombras, todos querem ser Al Qaeda, mesmo que não o sejam ao pé da letra. 'Bin Laden opera como líder ideológico, mas não controla mais as ações da Al Qaeda e de suas facções', disse à repórter *Ruth Costa*, de VEJA, o jornalista e pesquisador americano *Peter Bergen*"[245].

Há que se repensar a mundialização da equalização da economia e da flexibilização das normas que regem as relações entre os agentes produtivos do trabalho-capital.

Aponta o jurista *Arnaldo Süssekind:* "Se é certo que a transmutação da economia mundial justifica a flexibilização na ampliação das normas de proteção, a fim de harmonizar interesses empresariais e profissionais, não menos certo é que ela não deve acarretar a desregulamentação do Direito do Trabalho, seja nos países de cultura jurídica romano-germânica, onde a lei escrita é a fonte tradicional do Direito, seja naqueles em que a sindicalização é inautêntica, inexpressiva ou inadmitida. A verdade é que há princípios e normas fundamentais que, independentemente das teorias econômicas ou monetárias, são inseparáveis do esforço da humanidade em favor da justiça social"[246][247].

Portanto, o direito de segurança pública deve operar como verdadeira garantia dos direitos fundamentais individuais e sociais no Brasil

---

(245) " Todos querem ser Al Quaeda". *Revista Veja*, edição 1.845, ano 37, n. 11, São Paulo: Abril, 17 de março de 2004, p. 48.
(246) SÜSSEKIND, Arnaldo. *Direito constitucional do trabalho*, Rio de Janeiro: Renovar, 1999, p. 41. *Júlio Assumpção Malhadas*, advogado e Professor da UFPR, produziu notável trabalho sobre a flexibilização das condições de trabalho em face da Constituição. "Curso de direito constitucional do trabalho: estudos em homenagem ao Professor *Amauri Mascaro Nascimento*" (coord. Arion Sayão Romita), vol. 1, São Paulo: LTr, 1991, p. 143.
(247) O Professor *Carlos Chiarelli* e o advogado *Mateo Chiarelli*, salientam em excelente trabalho científico sobre "*O trabalho e a empresa na constituição. Considerações à luz do modelo italiano*" —, aspectos entre *capital-trabalho*: "as relações entre ambos, quais sejam, a princípio, as chamadas relações capital-trabalho ou conflitos sociais de produção, diante da colaboração ideológica que se pretendesse atribuir, e, atualmente, acepticamente denominadas relações industriais". *Curso de direito constitucional do trabalho* ..., cit., vol. 1, p. 172.

e no universo, assegurando aos agentes produtivos do trabalho-capital a tranqüilidade e qualidade criativa de sua capacidade operadora.

3. Fundamentos Jurídicos

A Constituição Federal estabelece como fundamento do Estado democrático de direito: os valores sociais do trabalho e da livre iniciativa (art. 1º, IV). Outros fundamentos constitucionais estão elencados nos Direitos Sociais: arts. 6º a 11; na Ordem Econômica e Social — arts. 170 *usque* 180.

O douto *Celso Ribeiro Bastos*, tratando dos "valores sociais do trabalho e da livre iniciativa", salienta: "Pelo trabalho o homem realiza sua própria existência. Transforma o mundo, impregna-o da sua imagem"[248].

O Professor *Manoel Gonçalves Ferreira Filho*, afirma: "Estes dois elementos são apontados como um dos fundamentos do Estado brasileiro. Isto significa que a organização econômica e social deverá se apoiar neles como seus dois pilares fundamentais"[249].

Há que se prevenir conflito entre os agentes produtivos do trabalho-capital. *Everaldo Gaspar Lopes de Andrade*, emérito Procurador do Trabalho e Professor na Universidade Católica de Pernambuco, salienta: "A verdade é que onde existir relações humanas existirá conflitos. E onde existir relações humanas e conflitos, existirá normas para disciplinar essas relações e resolver esses conflitos"[250].

Portanto, não se pode olvidar de que o desafio da violência, da criminalidade e do terrorismo constituem vetores que operam fortemente contra todos os interlocutores laborais, sociais e políticos.

Capítulo II
DA TEORIA DA FUNÇÃO SOCIAL NO BINÔMIO TRABALHO-CAPITAL

Seção I
Da Caracterização e dos Objetivos

1. Caracterização

No histórico da Ciência Econômica, a primeira obra com o título de *economia política* foi escrita por Antoine Montchrétien, em 1615. A

---

(248) BASTOS, Celso Ribeiro & MARTINS, Ives Gandra. *Comentários à Constituição do Brasil*, 1º vol. São Paulo: Saraiva, 1988, p. 425.
(249) FERREIRA FILHO, Manoel Gonçalves. *Op. cit.*, p. 19.
(250) ANDRADE, Everaldo Gaspar Lopes de. *Dissídio coletivo*. São Paulo: LTr, 1993, p. 30.

ciência econômica efetivamente nasceu com o cientista *Quesney*, médico do Rei Luís XV, fundador da Escola Fisiocrática para combater a Escola Mercantilista em 1758. Entretanto, a Ciência Econômica consolidou-se com os clássicos *Adam Smith, Jean Baptiste Say, Malthus* e *David Ricardo*, a partir da criação da Escola Fisiocrática até 1803.

A teoria da função social no binômio trabalho-capital é tão importante no mundo, que a *Carta das Nações Unidas* reconhece-a na definição de seus propósitos e princípios, destacando-se: "Conseguir uma cooperação internacional para resolver os problemas internacionais de caráter *econômico, social, cultural* ou *humanitário*, e para promover e estimular o respeito aos direitos humanos e às liberdades fundamentais para todos, sem distinção de raça, sexo, língua ou religião (art. 1º, inc. 3).

Ser um centro destinado a *harmonizar* a ação das nações para a consecução desses objetivos comuns" (art. 1º, inc. 4) (grifa-se).

As Nações Unidas ao definir a *Cooperação Internacional Econômica e Social*, estabelece, inclusive princípios importantes da teoria da função social no binômio: trabalho-capital: "a) nível mais alto de vida, trabalho efetivo e condições de progresso, desenvolvimento econômico e social" (Carta das Nações Unidas, art. 55, alínea *a*) (grifa-se).

No mesmo sentido o "*Pacto Internacional sobre Direitos Econômicos, Sociais e Culturais*", adotado pela Assembléia-Geral das Nações Unida, a 16 de dezembro de 1966, tendo entrado em vigor a 3 de janeiro de 1976, pontua: "1. Todos os povos tem direito à autodeterminação. Em virtude desse direito, determinam livremente seu estatuto político e asseguram livremente seu desenvolvimento econômico, social e cultural.

2. Para consecução de seus objetivos, todos os povos podem dispor livremente de suas *riquezas* e de seus *recursos naturais*, sem prejuízo das obrigações decorrentes da cooperação econômica internacional, baseada no princípio do proveito mútuo, e do Direito Internacional. Em caso algum, poderá um povo ser privado de seus *próprios meios de subsistência*" (art. 1º) (grifa-se).

A natureza, o trabalho e o capital são os mais importantes fatores econômicos da produção de riqueza.

O economista *Ulysses de Gasperi* cita *Adam Smith* que define riqueza: "Riqueza é o conjunto de bens de que o homem efetiva e realmente pode dispor para fins econômicos"[251].

Há que se estabelecer novos conceitos de valores na relação entre os fenômenos: trabalho-capital. Constituem poderosas forças que

---

(251) GASPERI, Ulysses de. *Elementos de economia*, 5ª ed., Porto Alegre: Livraria e Sulina, 1966, p. 22.

avançam em todos os horizontes do universo. O conflito, a hostilidade ou animosidade que, comumente, produz desarmonia, é um vetor de repercussão negativa entre os agentes do processo produtivo.

A violência, a criminalidade e o terrorismo atingem profundamente a relação construída pela teoria da função social no binômio trabalho-capital. A fenomenologia vincada na conviviologia, caracteriza-se no objetivo de alcançar a harmonia: pessoal, familiar, social, profissional, econômica, tecnológica, jurídica, política, cultural e científica entre os agentes econômicos produtivos do trabalho-capital.

Produzir causas com *efeitos positivos*, bem-estar, paz, alegria e felicidade: refletir-se-á no convívio e harmonia profissional na direção do sucesso. Alcançar-se-á com maior facilidade a construção de uma sociedade livre, justa e solidária.

Entretanto, se produzir resultado com *efeito negativo*, a conseqüência será previsível: desfavorável. As modernas empresas mantêm programas produtivos de *bem-estar* aos trabalhadores, muitas vezes, extensivos aos seus familiares. Não se pode mais permitir que o cenário de beligerância, muitas vezes, por tão pouco, transforme o ambiente de trabalho em fracasso e prejuízos. A amizade entre os interlocutores laborais deve ser recíproca.

O economista *Tolstoy C. Klein* destaca que "é um jogo recíproco de interesse entre empregado e empregador, evitando que um seja inimigo do outro, a denominada 'eterna' que já não mais é eterna luta entre o capital e o trabalho"[252].

O binômio trabalho-capital é tão importante que, parando esses dois fenômenos, sem a menor dúvida pára o mundo. No Brasil, são de tal relevância que se chegou a reconhecê-los e elevá-los ao nível constitucional, consagrando-os, na Carta Magna da República, como valores sociais do trabalho e da livre iniciativa (art. 1º, IV). No Capítulo "Dos Direitos Sociais", estabelece a Lei Maior: "São direitos sociais ... o trabalho..." (CF, art. 6º).

E no art. 7º, *caput:* "São direitos dos trabalhadores urbanos e rurais, além de outros que visem à melhoria de sua condição social...".

A Constituição Federal — Título VIII — Da Ordem Econômica e Financeira, Capítulo I — Dos Princípios Gerais da Atividade Econômica, dispõe:

Art. 170. A ordem econômica, fundada na valorização do trabalho humano e na livre iniciativa, tem por fim assegurar a todos existência digna, conforme os ditames da justiça social, observados os seguintes prin-

---

(252) KLEIN, Tolstoy C. *Curso de Economia Política.* Rio de Janeiro: Mandarino, 1966, pp. 86-7. Citando *in Direito Penal do Trabalho*, Altamiro J. dos Santos, São Paulo: LTr, 1997, p. 112.

cípios: I — soberania nacional; II — propriedade privada; III — função social da propriedade; IV — livre concorrência; V — defesa do consumidor; VI — defesa do meio ambiente; VII — redução das desigualdades regionais e sociais; VIII — busca de pleno emprego; IX — tratamento favorecido para as empresas brasileiras de capital nacional de pequeno porte.

Os pressupostos constitucionais demonstram perfeitamente a relevância da teoria da função social no binômio trabalho-capital.

José Afonso da Silva afirma: "A função social desses bens consiste precisamente na sua aplicação imediata e direta na satisfação das necessidades humanas primárias, o que vale dizer que se destinam à manutenção da vida humana"[253].

2. Objetivos

2.1. Objetivo Geral

Há, em regra, uma sensação de desconfiança entre os inerlocutores laborais, sociais e políticos.

Por isso, procura-se abrir novos caminhos nos horizontes do universo da paz entre os agentes do processo produtivo do trabalho-capital. Para tanto a *Conviviologia Jurídica*, como *ciência* social e a *arte* do convívio, bem-estar e conciliação que rege a vontade de pensar, criar e agir pode produzir a paz e o entendimento entre as pessoas em harmonia com o direito e a tecnologia. É importantíssima fonte para possibilitar os agentes econômicos exercerem seu potencial da inteligência para os desafios da criatividade e qualidade de competência nos complexos inventos do mundo.

Logo, não é justo que vivam em clima de desconfiança, hostilidade ou conflito no ambiente laboral. Muito menos ainda, que se transformem em protagonistas em face da lei ou em vítimas no seu próprio local de convívio.

2.2. Objetivo Específico

É adotar princípios que desfaçam a sensação de desconfiança, insegurança, violência, indisciplina, desordem e crise de autoridade e impunidade nas relações entre os agentes econômicos produtivos do trabalho-capital.

Isso não é bom para nenhum deles. Sabe-se que se um não for *bem*, o outro vai *mal*. Todos perdem.

---

(253) SILVA, José Afonso da. *Curso de Direito Constitucional Positivo*. 7ª ed. rev. e ampl. de acordo com a nova Constituição, São Paulo: Revista dos Tribunais, 1991, p. 682. *Idem, ibidem*, pp. 112-3.

No Brasil, não falta *lei* que defina com clareza o *modelo jurídico de conduta* que todos podem adotar para o convício pacífico no ambiente onde cada sujeito da relação da cadeia produtiva desenvolve seu idealismo vocacional perseverante, para alcançar o pódio da criatividade e poder da inteligência.

Portanto, deve-se combinar e harmonizar o objetivo específico dessas duas poderosas forças produtivas do *trabalho-capital* para abrir novos caminhos, prevenir animosidade, conflito e alcançar soluções pacíficas.

3. Poder da Inteligência dos Agentes Econômicos opera Milagre na Criatividade em Harmonia com o *Binômio Trabalho-Capital*

A prova do poder da inteligência infinita dos agentes econômicos operarem verdadeira revolução nos mistérios da ciência e da arte, é fática, estatística, tecnológica e científica.

É a harmonia das poderosas forças produtivas do trabalho e do capital que criou verdadeiros monumentos da inteligência humana no mundo. O significado semântico e semiológico da qualidade de competência regida pela inteligência criadora, é tão importante que dela nasceram inventos, que parece estarem na *tribuna de derradeiros mistérios do milagre*. Ad exemplum: *Thomás Édson* inventor da lâmpada incandescente e a vitrola; *Henri Ford*, mudou o paradigma de transportes; *Santos Dumont*, é *o inventor do avião* (que modernizou os meios de transportes de forma tão surpreendente, que o pesquisador *Lair Ribeiro* diz: "Tomar café da manhã em Londres e, quatro horas depois, almoçar em Nova Iorque, era totalmente impossível há alguns anos. Hoje, você pode fazer isso: basta viajar em um avião supersônico, como o Concorde, e você atravessar o Atlântico mais rapidamente do que o som. Há cem anos, você teria que fazer essa viagem de navio e levaria semanas para fazer o mesmo percurso"[254].

Em 20 de julho de 1969, a NASA — Agência Espacial americana, na *primeira Nave tripulada* levou *Neil Armstrong* a pisar na superfície da Lua. Foi um dos maiores sucessos que nasceu na terra, então. No dia 4 de julho 1997, uma nave americana pousou no planeta Marte. Dela, sai *um jipe de seis rodas*, o *"Sojourner"*.

No prefácio do século XXI e III milênio nascem outros monumentos que revolucionam o plenário da ciência e arte, como mistério da

---

(254) RIBEIRO, Lair. *Op. cit.*, p. 7.

inteligente humana, que alcançam o *pódio* da poderosa harmonia do *trabalho-capital.* Destaca-se:

a) O Projeto Corot *(Convection, Rotation, and Planetary Transit)* é exemplo da força da inteligência humana e da tecnologia, desenvolvidas nos laboratórios da Agência Espacial Francesa, em Toulouse, sob a liderança da França e participação da Alemanha, Áustria, Bélgica, Espanha e Brasil. Trata-se do *Satélite Corot* com capacidade de buscar planetas semelhantes ao da Terra, porém fora do Sistema Solar.

O jornalista *Dante Grecco* resume: "Se o planeta for grande (os maiores são gasosos), esse eclipse será maior. Se for pequeno (são sempre rochosos), a variação do brilho da estrela será muito leve, sutil. É aí que entra a tal fotometria. Essa sofisticada técnica é justamente usada para medir a variação da emissão luminosa das estrelas. No Corot, os sensores são tão precisos que eles poderão captar até uma sensível queda na luminosidade estelar. E é isso que os astrônomos procuram. Essa sutil diferença no brilho da estrela, depois de devidamente analisada, pode significar que, ao redor dela, há um planeta pequeno e rochoso como a Terra. E, o melhor, com grande possibilidade de abrigar alguma forma de vida — embora a maioria dos cientistas faça questão de observar que essa '*grande*' possibilidade, em percentuais, vem depois da vírgula e de muitos zeros". E cita *Eduardo Janot Pacheco,* professor do Instituto de Astronomia, Geofísica e Ciências Atmosféricas (IAG), da USP e um dos coordenadores brasileiros do projeto — Fora da Europa, o Brasil é o único país a fazer parte do Corot —, que pontifica: "Temos certeza de que, com o Corot, serão descobertos planetas semelhantes à Terra além do Sistema Solar. Nesses corpos sólidos e pequenos, a probabilidade de haver vida é muito grande"[255]. O projeto tem um orçamento de 60 milhões de euros. Participam 200 cientistas, 70 são brasileiros. As instituições do Brasil envolvidas são: USP, Universidades federais do Rio Grande do Norte, Rio Grande do Sul, Santa Catarina, Rio de Janeiro, Minas Gerais, Inpe, Observatório Nacional do Rio de Janeiro, Laboratório Nacional de Astrofísica, de Minas Gerais e Universidade Mackenzie, de São Paulo.

b) O transatlântico "*Queen Mary 2* ", a maior e mais luxuosa cidade flutuante de todos os tempos, com 345 metros de comprimento, de pé seria maior que a Torre Eiffel, pesa 150.000 toneladas, tem 1.310 cabines, 2.000 banheiros, capacidade de 2.620 passageiros e 1.250 tripulantes e custo de construção 800 milhões de dólares, equivalente ao preço de 4 Boings 747-400.

---

(255) GRECCO, Dante. "Terras à vista". *Revista Época,* www.epoca.com.br, n. 308, São Paulo: Globo, 12 de abril de 2004, p. 56.

O jornalista *João Gabriel de Lima*, de Barbados, pontifica: "O *Queen Mary 2* é a prova de que a história também pode se repetir como parque temático. A maior parte das cabines custa entre 2.000 e 5.000 dólares, valores altos para a classe média brasileira, mas perfeitamente acessíveis a sua equivalente americana. Por esse preço, o passageiro pode brincar de milionário dos anos 30 nas duas semanas de duração de um cruzeiro"[256].

Outros desafios: a robótica, a biotecnologia cria o *robô cirurgião*. A *microtecnologia* avança surpreendentemente no campo da precisão.

Manoel Gonçalves Ferreira Filho, tratando da valorização do trabalho humano, salienta: "Numa indubitável reação contra os que não vêem no trabalho mais do que uma mercadoria, a Igreja timbrou em reafirmar o valor cristão do trabalho. E, como notam *Calvez* e *Perrin*, a Igreja reconhece no trabalho uma verdadeira nobreza, por sua relação com a obra criadora do próprio Deus (*Église*, cit., p. 295).

Na verdade, o trabalho é, ao mesmo tempo, um direito e uma obrigação de cada indivíduo. Para viver, tem o homem de trabalhar. A ordem econômica que lhe rejeitar o trabalho, recusa-lhe o direito a sobreviver. Como obrigação, deriva do fato de viver o homem em sociedade, de tal sorte que o todo depende da colaboração de cada um"[257].

Carlos Galves salienta interessante aspecto e exemplifica os investimentos no homem: "A mola do progresso econômico é o homem. Ele é que trabalha, explora a natureza, cria o capital. Quanto maior a sua capacidade, maior a capacidade de desenvolvimento do país. Os economistas chamam de investimentos no homem, ou custos do homem, as despesas que se fazem no país para promover a melhoria da qualidade humana de sua população: saúde, instrução, educação, inclusive técnica, habilitações profissionais, lazer, etc."[258].

Conclui-se que na metodologia de avaliação dos investimentos[259], deve-se pontuar no *trabalho* vincadamente como o mais importante fator produtivo de riqueza. Logo, é relevante *investimento* para a rentabilidade do capital. Não se pode esquecer de que na relação do binômio trabalho-capital, um não prospera sem o outro. Devem se afinar pelo mesmo diapasão.

(256) LIMA, João Gabriel de. "O maior de todos os tempos". *Revista Veja*, edição 1.845, ano 37, n. 12, São Paulo: Abril, 24 de março de 2004, p. 111.
(257) *Curso de Direito Constitucional*, 19ª ed. rev., São Paulo: Saraiva, 1992, p. 309.
(258) *Manual de Economia Política Atual*. 12-6 ed. Rio de Janeiro: Forense, 1991, pp. 117 e 120.
(259) SANTOS, Altamiro J. dos. *Direito...*, cit., pp. 119 e 120.

Seção II
Do Conteúdo Programático

1. Análise Preliminar

Analisar-se-á a aspectologia conceitual do trabalho na fenomenologia econômica, tecnológica, social, política, cultural e científica; bem como o fator de alegria e marca pessoal na organização racional e científica do trabalho. O *capital* na fenomenologia econômica: aspecto conceitual; investimento e harmonia como fator produtivo de prosperidade; a harmonia no relacionamento entre os interlocutores laborais, sociais e políticos. Idealismo vocacional perseverante, o desafio da qualidade da competência, perspectiva da globalização da economia, integração latino-americana e Mercosul, fundamentos do fenômeno da integração do Mercosul, repercussão da economia na teoria da função social no binômio trabalho-capital, perspectiva da globalização do direito, agentes produtivos no binômio: hipertrabalho-hipercapital ou macrotrabalho-macrocapital, órgãos de soluções de controvérsias extrajudiciais e judiciais, importância da arte do diálogo para o sucesso dos agentes conciliadores.

2. Desenvolvimento

2.1. Trabalho na Fenomenologia Econômica

2.1.1. Conceito. O trabalho é um fator de produção de riqueza. Consiste no exercício de uma atividade física ou intelectual aplicada na produção de bens ou serviços úteis à satisfação das necessidades humanas ou dos seres vivos.

Para *Edgar Aquino Rocha*, trabalho "é esforço do homem aplicado à produção"[260].

Ulysses de Gasperi conceitua o trabalho: "É todo esforço *humano* aplicado à produção ou à prestação de serviços essenciais ao homem. Em sentido econômico, trabalho é esforço humano que objetiva a produção de riquezas"[261] (grifa-se).

O trabalho, no sentido econômico, diz *Carlos Galves*, "é a atividade humana que tem por objetivo a criação de utilidade, sob a forma

---

(260) ROCHA, Edgar Aquino. *Manual da Economia Política*. 29ª ed. São Paulo: Nacional, 1967, p. 42. *Idem, ibidem*, p. 115.
(261) GASPERI, Ulysses de. *Op. cit.*, p. 41.

de coisas úteis ou de prestação de serviços úteis, uns e outros servindo para o consumo, ou para a produção"[262].

2.1.2. Trabalho: fator de alegria, felicidade e marca pessoal. O trabalho é fator produtivo de riqueza, desenvolvimento social, econômico, tecnológico e científico. Poderá projetar seu agente laboral na tribuna da escola dos vencedores.

Ulysses de Gasperi enfatiza: "É uma obrigação de ordem social; pois, quem não trabalha, vive graças ao trabalho dos seus semelhantes, é um parasita da sociedade. Além disso, o trabalho é um imperativo divino, segundo a sentença ditada pelo próprio Deus: 'ganharás o pão de cada dia com o suor de teu rosto'.

O desenvolvimento social e econômico de uma nação alicerça-se no trabalho de seu povo, sem desprezar a importância dos demais fatores. É notória a parcela que coube ao fator trabalho inteligente e altamente produtivo, na conquista do desenvolvimento econômico de muitos países"[263].

Reconhece expressamente Henri Guitton: "Se o trabalho foi considerado como pena pelo pensamento bíblico, foi também reabilitado por Cristo: torna-se meio de redenção. Além disso, sem ser necessariamente atraente, como o desejara Fourier, é, entretanto, fonte de alegria. Desde o instante em que o homem vence um obstáculo, desde que triunfa de uma dificuldade, dando-lhe sentido, o obstáculo a vencer transforma-se em oportunidade de criação. Ora, não há talvez maior alegria do que nesta criação e eis porque se pode falar da alegria do trabalho"[264] (grifa-se).

Osmar Medeiros cita valiosa lição de Marquês de Maricá: "Cultivar a alegria custa menos que a tristeza e traz melhores resultados"[265].

Wilmar Eppinger e Juarez Alfredo Toledo lecionam: "A alegria, a sensação de espaço para realizações, de reconhecimento do que é feito, a tolerância para com os erros comuns à criação, farão florescer todas as potencialidades do ser humano, harmonizando a sua expectativa com o que obtém em sua atividade. A percepção de que está conseguindo criar reflete-se na mais legítima sensação de felicidade e liberdade"[266] (grifa-se).

---

(262) GALVES, Carlos. Op. cit., p. 91.
(263) GUITTON, Henri. Op. cit., p. 41.
(264) GASPERI, Ulysses de. Op. cit., 1º vol., p. 220.
(265) Apud Saber pensar..., cit., p. 138.
(266) EPPINGER, Wilmar & TOLEDO, Juarez Alfredo. O administrador inteligente (o holismo aplicado à administração). Curitiba: Juruá, 1993, p. 57.

Lair Ribeiro em síntese define: "Sucesso é *conseguir o que você quer*. Felicidade é *querer o que você conseguiu* "[267] (grifos do autor).

Ricardo Medeiros, mestre em direito pela UEP, advogado e engenheiro, tratando de "Flexibilização e Modernidade: Vetores da Enfermidade Social", destaca: "Há uma enfermidade na civilização atual: a frustração da finalidade primordial de *felicidade humana* em razão das incertezas, desconfianças, inseguranças que estão apoiadas na ideologia da sociedade industrial desenvolvida que tolhe o cidadão da libertação das políticas sobre a qual ele não tem controle eficaz algum"[268] (grifa-se).

A humildade no trabalho é virtude e felicidade. Nesse sentido é sábio o magistério de *Osmar Medeiros:* "O tamanho da humildade é a melhor medida da estatura de uma pessoa". Acrescenta: "A humildade eleva a sabedoria e a simplcidade aumenta a beleza". E mais: "A virtude anda de mãos dadas com a felicidade"[269]. O autor cita ainda *David Stall Jordan* que diz: "Sabedoria é saber o que fazer; habilidade é saber como fazer; virtude é fazer"[270].

Como bem assinala *Carlos Galves*, ao analisar as características do trabalho: "É uma atividade pessoal: o trabalho traz a *marca da pessoa que o faz*; o trabalho de um indivíduo não é igual ao de outro.

É uma atividade progressiva: todo trabalhador, querendo e tendo os meios de ambição, faz cair na rotina, e impede que o trabalhador progrida.

Aqui é onde se encontra a *marca humana do trabalho*: pois nesta característica é onde se manifesta a liberdade e o poder criador do indivíduo humano"[271] (grifa-se).

O trabalho é nobre. Há que se construir, *sempre e sem parar*, um ambiente de alegria, felicidade e marca pessoal da inteligente criativa para alcançar a *tribuna da escola dos vencedores*. O sucesso profissional está ao alcance do ser humano que atuar com idealismo vocacional perseverante.

---

(267) RIBEIRO, Lair. *O sucesso...*, cit., p. 17.
(268) MEDEIROS, Ricardo. *Tendências do direito do trabalho para o século XXI: globalização, descentralização produtiva e novo contratualismo*, Dorothee Susanne Rüdiger (coord.). São Paulo: LTr, 1999, pp. 244-5.
(269) MEDEIROS, Osmar. *Op. cit.*, pp. 114 e 133.
(270) *Apud Saber pensar é querer mudar...*, cit., p. 127.
(271) GALVES, Carlos. *Op. cit.*, pp. 91-2.

2.2. Organização Racional e Científica do Trabalho

A organização racional e científica do trabalho é fator que faz avançar a prosperidade em todas as dimensões produtivas do *bem* em cada país do mundo.

O tema em tela é sobejamente examinado por *Edgar Aquino Rocha* que alinha as três doutrinas econômicas: *"a) Taylorismo. Taylor,* engenheiro americano, é o autor de um método de organização científica do trabalho (*scientific management*), que se difundiu nos Estados Unidos nos primeiros anos do século passado.

Este método, ensinado e aplicado durante uma larga experiência pessoal, tem por fim facilitar a atuação do princípio do menor esforço e levá-lo às extremas conseqüências no domínio da organização do trabalho, da direção e das instalações industriais.

O fim de *Taylor* é achar os melhores resultados para qualquer trabalho feito.

São seus pontos básicos: a aplicação da divisão do trabalho do modo mais perfeito possível; a eliminação de todo o movimento desnecessário; a preparação antecedente de todo o material exigido, para que o operário o tenha imediatamente à mão e não perca tempo.

O sistema atribui ao operário, além do salário, uma gratificação proporcional ao rendimento.

Não faltam defeitos ao método: agrava o desemprego, pode produzir o automatismo por causa da sua aplicação rígida, a baixa do salário, etc.

O taylorismo, não obstante, está tendo aplicação mundial.

b) Fayolismo. Fayol, engenheiro francês, chamado à direção de uma grande empresa que ameaçava falir, conseguiu reerguê-la. Daí escrever ele uma '*Doutrina administrativa*', em que estuda principalmente o papel de chefe, na empresa.

Esse papel consiste em prever, organizar, mandar, coordenar, controlar.

c) Racionalização. Em vários países há instituições já organizadas pelo Estado, para aplicar ao trabalho os processos mais científicos e perfeitos possíveis.

A organização científica do trabalho, aliás, não é senão um dos aspectos da técnica moderníssima em economia.

Racionalizar significa aplicar à empresa método rigorosamente controlado para evitar qualquer perda de tempo, de material, de energia; para simplificar a elaboração, unificando os tipos, com o fim de produzi-los em séries (*estandardização ou padronização*); para disciplinar os mercados e reduzir, ao mínimo, as sobras de mercadorias; para acelerar os transportes e as entregas; para fazer o capital circular com máxima celeridade possível (*Tosi*)"[272] (grifos do autor).

Peter Drucker, o inventor da Administração, em magnífica matéria do jornalista *Clemente Nóbrega*, averba: "Numa sociedade cuja riqueza vem de bens intangíveis (informações, criatividade e conhecimento), a produção física aumenta, mas a quantidade de pessoas que a produz diminui. Portanto, é urgentíssimo tratarmos hoje das implicações disso.

As pessoas nunca foram realmente importantes na equação econômica. Elas são consideradas custos, não recursos"[273].

Conclui-se que na organização racional e científica laboral é um vetor para apontar novos horizontes aos agentes econômicos na equação produtiva de riqueza.

2.3. Capital na Fenomenologia Econômica

2.3.1. Conceito. O capital é fator produtivo de riqueza. "O capital é o agente instrumental da produção", ensina o economista *Ulysses de Gasperi*.[274]

O autor destaca também que o "Capital é todo bem destinado à produção de novos bens", cita outros mestres que definem o capital: *James Mill:* "o capital é trabalho acumulado"; *Bertrand Nogaro:* "é um conjunto de bens produzidos que servem para produzir outros bens". *Buys de Barros:* "O Capital é um estoque de riquezas existente num dado momento, em processo de produção". *Karl Marx*, na sua obra "O Capital", que é a "Bíblia do Socialismo", segundo expressão de *Luiz Souza Gomes*, diz que: "Capital é trabalho cristalizado"[275].

2.3.2. Investimento e Harmonia: Fator Produtivo de Prosperidade. O capital é importante fator de investimento para desenvolver a prosperidade. É fator produtivo de riqueza. O capital não prospera sem o *trabalho*. A recíproca é verdadeira.

Logo, as relações entre os agentes do trabalho-capital, como mola mestre do progresso em todas as dimensões produtivas de bens e ser-

---

(272) ROCHA, Edgar Aquino. *Op. cit.*, pp. 52-3. Citado *in Direito Penal do Trabalho*, Altamiro J. dos Santos, São Paulo: LTr, 1997, pp. 116-8.
(273) "O inventor da administração e o desafio brasileiro". *Revista Exame*, edição 766, ano 36, n. 10, São Paulo: Abril, 15 de maio de 2002, p. 89.
(274) GASPERI, Ulysses de. *Op. cit.*, p. 49. Citado *in Direito Penal do Trabalho*, Altamiro J. dos Santos, São Paulo: LTr, 1997, pp. 116-8.
(275) *Idem, ibidem*, p. 49. *Op. cit.*, p. 119.

viços devem orientar-se pela lei da harmonia. Um empregador feliz é certeza de um ambiente de trabalho saudável, produtivo e vertente a qualidade da competência. Em conseqüência, o resultado almejado por ambos será o sucesso.

2.3.3. Relacionamento: Agentes Econômicos Produtivos de Riqueza. A harmonia no relacionamento entre os agentes laborais produtivos de riqueza: *trabalhador-empregador* deve ser marcado por um profundo respeito mútuo.

Deve imperar sempre no relacionamento entre eles um clima fraterno e de cooperação. Assim todos sairão ganhando em cada dimensão do fator produtivo: trabalho-capital. Certamente, ensejará solidariedade recíproca entre eles, cuja projeção alcançará, além dos que militam no mesmo ambiente, a sociedade e o planeta com o desenvolvimento econômico e social que tanto interessa à humanidade.

José Pastore, da Universidade de São Paulo, tratando do *capital e trabalho no Japão, aponta um caso de parceria,* pontua: "O Japão é uma nação que ressurgiu das cinzas. O bombardeio de Nagazaki e Hiroshima significou a destruição de toda a sua infra-estrutura. As ferrovias foram devastadas. A eletricidade entrou em colapso. As fábricas pararam. Os alimentos disponíveis mal davam para sobreviver. Sem contar a dor dos que perderam seus parentes e a sua saúde"[276].

O Professor *Pastore* faz extraordinário cotejo das vantagens da harmonia no relacionamento: trabalho-capital entre o Japão e o Brasil, que serve para mostrar com muita clareza um fator que deve ser melhor valorizado entre o empregado e o empregador. *Diz* o autor:

"O Japão tem 125 milhões de habitantes. Quase a população brasileira. Mas o seu Produto Interno Bruto é de U$ 3 trilhões quase 8 vezes o nosso. A renda 'per capita' é de U$ 23.500 e bem distribuída (Japan, 1993). A nossa é de U$ 2.500 e mal distribuída.

O Japão é o campeão dos recursos humanos. Não apenas em matéria de educação. Investe muito em comportamentos, em normas de conduta, em atitudes. A sociedade japonesa dá uma grande importância ao bom relacionamento entre as pessoas"[277].

---

(276) PASTORE, José. "Flexibilidade dos mercados de trabalho e contratação coletiva", São Paulo: 1994, p. 42. Citado *in Direito Penal do Trabalho,* Altamiro J. dos Santos, São Paulo: LTr, 1997, pp. 119 e 120.
(277) *Op. cit.,* p. 44. *Idem, ibidem,* p. 121. *José Pastore* diz mais sobre "As Características Básicas da Parceria": "A educação e o bom relacionamento entre empregados e empregadores foram dois fatores-chaves na recuperação do país. *As relações do trabalho são fundamentalmente cooperativas. Para o japonês, logo depois da pátria, e no mesmo nível da família, vem a empresa.* É nela que ele cresce e se desenvolve. É dentro dela que ele constrói a sua vida. As relações entre as partes são marcadas por um profundo respeito mútuo". *Idem, ibidem,* pp.44-5.

O objetivo maior que os sujeitos da relação de emprego devem procurar é exatamente o de solucionar amistosamente seus interesses e evitar conflitos.

Antônio Álvares da Silva, analisa a "Insuficiência do Contrato como Técnica de Captação das Relações de Trabalho". Destaca que: "O horizonte amplia-se para uma nova perspectiva até então desconhecida na captação da relação de emprego: a contratualidade, que se baseia exclusivamente no sinalagma *direito x dever*, transcende-se para a participação, que se fundamenta na cooperação e integração dos interesses que constituem o conteúdo da relação de emprego.

A empresa não é vista pelo trabalhador apenas como um meio pelo qual garante sua existência através do salário, e o empregado não é visto pelo empregador apenas como um instrumento da produção, um mero custo de sua atividade produtiva.

Diminui-se a intensidade do elemento subordinação e cresce o elemento participativo. O estabelecimento transforma-se num ponto *harmonizador* e *não opositor* dos interesses dos dois *agentes do processo produtivo*, cuja relação reveste-se agora não apenas de fatores econômicos, mas também de conteúdo ético e democrático que abre ao empregado a possibilidade da participação na atividade do estabelecimento e da empresa dos quais antes fazia parte apenas para produzir trabalho e receber salário"[278] (grifa-se).

Efetivamente, o centro de equilíbrio entre os sujeitos da relação de emprego deve nortear-se pela cooperação recíproca.

2.4. Idealismo Vocacional Perseverante

O sucesso profissional nem sempre nasce com cada pessoa. É comum produzir maior ou menor facilidade em desenvolver o idealismo vocacional. Há que se procurar na escola da vida, em conquistar o aperfeiçoamento da qualidade de competência com perseverança, para alcançar a tribuna do sucesso. Deve-se ter presente: *a) idealismo; b) vocação; c) perseverança.*

a) Idealismo: é sentir, pensar grande, sonhar e agir na direção da meta desejada. Se acreditar sinceramente nele, o pódio do sucesso será alcançado. É desafiar a própria inteligência no trabalho. Ensina *Osmar Medeiros:* "O sonho é a matriz de todos os sucessos, portanto

---

(278) *Op. cit.*, p. 123. Antônio Álvares da Silva, trata com propriedade sobre o "Conselho de Empresa" e a "Co-Gestão no Estabelecimento e na Empresa". São Paulo: LTr, 1991, pp. 25 a 27.

devemos pautar por um *ideal*, e lutar com todos os nossos esforços até conseguirmos a realização pessoal sob pena de frustração. Encontra o sucesso quem acredita em seus sonhos e se empenha para transformá-lo em realidade. É justamente a possibilidade de realizar um sonho que torna a vida interessante, nunca desista dos seus sonhos, siga seu ideal". O autor vai mais longe: "Todo mundo sonha com o sucesso. Este é o seu objetivo, ou o seu destino na vida"[279].

O cientista social *Lair Ribeiro* enfatiza — *quem realiza seus sonhos é você mesmo*: "Ter objetivos determinados na vida é fundamental para alcançar o sucesso"[280]. Diz ainda: "Uma meta deve ser *grande*. Grande mesmo! Se você contá-la a um amigo e ele não acreditar, então, está de bom tamanho"[281] (grifo do autor).

O autor focaliza também: "O *universo passa a ser seu aliado* quando suas *metas* estão alinhadas com sua *finalidade de vida* e você se compromete a alcançá-las. Ousando fazer, o poder de realização lhe será outorgado.

Ousadia positiva traz consigo algo mágico, sublime e poderoso"[282] (grifos do autor). Acrescenta: "Para ser bem-sucedido, um bom caminho pode ser observar as pessoas de sucesso, entender suas estruturas e agir como elas em seus aspectos mais positivos"[283].

b) *Vocação:* É fácil identificá-la. Basta sentir-se *bem* no projeto que está realizando; se é exatamente o que deseja. Procurar alcançar a perfeição. Se sente prazer na realização de sua meta; não se preocupa com o tempo, não sente fome e nem sede, se não sente a sensação de sacrifício ou penosidade.

Osmar Medeiros, pesquisador paranaense, cita *Aristóteles* que diz: "O prazer do trabalho aperfeiçoa a obra"[284]. Aponta ainda *Marcelin Berthelot*, químico francês, que diz: "A ciência ensina ao homem o amor e o respeito pela verdade, a idéia do dever e a necessidade do trabalho, *não como um castigo* mas como o *mais elevado* meio de empregar sua atividade"[285] (grifa-se).

Marsha Sintar, especialista em *vocação*, acentua o seu "reconhecimento a todos aqueles que fazem o trabalho que apreciam"[286].

---

(279) MEDEIROS, Osmar. *Op. cit.*, pp. 213 e 215.
(280) RIBEIRO, Lair. *Op. cit.*, p. 93.
(281) *Idem, ibidem*, p. 101.
(282) *Idem, ibidem*, p. 48.
(283) *Idem, ibidem*, p. 31.
(284) *Apud Saber pensar é querer mudar.* Curitiba: JM, 1997, p. 84.
(285) *Apud Saber pensar é querer mudar...*, cit., p. 84.
(286) SINTAR, Marsha. *Siga sua vocação que o dinheiro vem.* Trad. de Maria Luiza da Silva Pinto. Rio de Janeiro: Record, 1995, p. 10.

A tratadista salienta que maximizar os próprios recursos, descobrir como pode preparar-se para o desconhecido e o inesperado, seja lá o que for que apreciar fazer até atingir as metas, perceber que fazer o que se *ama* proporciona preciosas recompensas íntimas, que incluem o dinheiro, mas também o transcendem. E talvez o mais importante, *siga sua vocação*: "Revela o segredo bem guardado de que existem centenas de milhares de pessoas que venceram obstáculos tanto interiores quando exteriores para obterem êxito ao fazerem o que amam. Se as pessoas podem cultivar o respeito próprio e a segurança íntima e desenvolver um compromisso com os próprios talentos, podem ganhar quanto dinheiro precisem ou queiram. Este é o verdadeiro sucesso ...".
Enfatiza mais, a cientista: "A tarefa é mais fácil do que as pessoas imaginam. Tudo que precisam é tudo que têm a dar: *todo o seu talento*, *energia*, *concentração*, *compromisso* e *todo o seu amor*. As recompensas valem o esforço e se evidenciam no minuto em que conscientemente optamos por nossos valores, inclinações e visão"[287] (grifa-se).

c) *Perseverança*: exige que o titular do *idealismo vocacional* seja também um "*guerreiro*". Fazer como a *cobra* "*cascavel*", morrer batendo o "*guizo*", nunca se entrega ao adversário que a provocou.

Diante desses pressupostos a qualidade da competência para a competição brota e floresce na tribuna do vencedor.

Osmar Medeiros vinca: "As grandes obras são executadas, não pela força, mas pela *perseverança*"[288] (grifa-se).

Marsha Sintar salienta que quem age com prudência e reflexão, independência e responsabilidade, pode realizar: "Demonstram sua competência em desempenho diários. Isto não somente ajuda sua capacidade a progredir de um jeito que exalte a sua excepcionalidade, como também fortalece a crença de que são competentes. Em outras palavras, aumenta a fé em suas habilidades ao amadurecerem"[289].

Nesse sentido *Wilmar Eppinger* e *Juarez Alfredo Toledo*, especialistas em administração inteligente, lecionam com criatividade: "Os elementos básicos do sistema empresa podem ser resumidos em: *capital*, convertido em meios de produção como máquinas, prédios, materiais e outros; os *seres humanos* como inteligência aplicada ao capital e às *atividades* intercorrentes dos elementos anteriores"[290] (grifos dos autores).

Os autores acrescentam: "O capital e a inteligência colocados no centro da estrutura esférica e não plana como usualmente é demons-

---
(287) *Idem, ibidem*, p. 14.
(288) MEDEIROS, Osmar. *Op. cit.*, p. 81.
(289) SINTAR, Marsha. *Op. cit.*, p. 36.
(290) EPPINGER, Wilmar e TOLEDO, Juarez Alfredo. *Op. cit.*, p. 85.

trada, irradiarão a sua força para as atividades, onde se movimentará o potencial humano com sua inteligência, espírito e vontade"[291].

Conclui-se, que o *idealismo vocacional perseverante* é a receita mágica, misteriosa e sublime para abrir com chave de ouro: a *tribuna da escola de sucesso* em todas as dimensões da vida. A qualidade da competência para a competição e a realização de cada mister certamente facilitará, sempre, alcançar a meta desejada.

Exemplo típico: é registrado no Brasil, no pleito das eleições presidenciais de 2002, sob o comando criativo e inteligente do então Reitor da Escola Política de Integração Nacional e agora Presidente da República do Brasil: *Luiz Inácio Lula da Silva*, sob a relevante regência do Maestro: Ministro Chefe da Casa Civil da Presidência da República, *José Dirceu*, em sintonia com o saber do Ministro da Fazenda: *Antônio Palocci*, Senador *Aloízio Mercadante*, estadista conciliador: *José Genuíno e tantos outros*, conseguiram de forma inovadora e histórica na América Latina. Lançaram a *semente* para afinar pelo mesmo *diapasão:* as poderosas forças do trabalho-capital. No dia 1º de janeiro de 2003, o mundo aplaudiu o *idealismo vocacional perseverante* triunfar na tribuna da nova escola de vencedores que alcançaram a tribuna da Presidência da República. A força da palavra chave de ouro: "*a esperança vence o medo*" e apontam novos caminhos nos horizontes da Conviviologia Jurídica para a paz entre as pessoas do presente e do futuro.

2.5. Desafio da Qualidade de Competência dos Agentes Econômicos no Binômio: Trabalho-Capital

O sucesso não é puro milagre, nem só produto da sorte. O caminho muitas vezes é longo e cheio de desafios da inteligência. Entre outras fontes está a genialidade do titular da qualidade da competência para o exercício das atividades profissionais dos produtores laborais. A qualidade de competência conquista-se e aperfeiçoa-se na escola formal e informal da genialidade da vida humana.

Osmar Medeiros pontifica: "O homem vale pela sua eficiência e capacidade para o trabalho, que dignifica o próprio homem, pelo que produz de bens e utilidades". O autor cita *Joseph Straub*, consultor americano, que afirma: "Sorte nas profissões não existe. O que existe é o encontro da preparação com a oportunidade"[292].

Muitos são os exemplos de pessoas bem-sucedidas em sua vida pessoal, familiar, profissional, social, política, cultural e científica.

---

(291) *Idem, ibidem*, p. 87.
(292) *Apud Saber pensar é querer mudar...*, cit., pp. 84 e 86.

No Brasil, poder-se-ia nominar *muitos profissionais* como exemplo de idealismo vocacional perseverante, que alcançaram a tribuna da escola de sucesso, pela qualidade de competência. Na medicina, os cientistas *Eurico de Zerbini, Adib Jatene* e *Ivo Pitanguy,* entre outros. No direito, os juristas clássicos *Ruy Barbosa, Clóvis Beviláqua, Pontes de Miranda, J. M. Carvalho Santos, Eduardo Espínola, Orlando Gomes, J. X. Carvalho de Mendonça, Nelson Hungria, Aníbal Bruno.* Na atualidade, os cientistas do direito: *Arnaldo Süssekind, Miguel Reale, Washington de Barros Monteiro, Amauri Mascaro Nascimento, Pinto Ferreira, Manoel Gonçalves Ferreira Filho, Celso Ribeiro Bastos, Ives Gandra da Silva Martins* e outros que se poderia citar. *Oscar Niemeyer*(293), o arquiteto do século XX.

Empresário: *Antonio Ermírio de Moraes*, vitorioso que inicia suas atividades às 7:30 horas da manhã, estendendo-as nos sábados, domingos e feriados. Acerca da *"Profissão: otimismo"* dá sua a receita do sucesso à jornalista *Cláudia Vassalo:* "Acho que prudência foi algo fundamental para isso. Estamos, na minha opinião, bem alinhados ao que vem mudando no mundo dos negócios. No dia em que eu não estiver mais aqui, acredito que estarei satisfeito. Terei cumprido minha missão. Demos instruções certinhas aos que sucederão a nós. Claro que o mundo é dinâmico. O que vale hoje, daqui a dez anos pode não valer mais nada. Não podemos ficar parados, achando que somos os bons e os outros são ruins. Precisamos acompanhar a evolução das coisas. Temos de estudar mais. Acompanhar com mais atenção as novas técnicas de gestão e procurar ter índices de produtividade compatíveis aos que existem lá fora ou até melhores"(294). Acrescenta, falando *"Como chegar ao sucesso"*: "Acreditar no mercado é algo básico para o sucesso. Mas, em primeiro lugar, é preciso acreditar em você mesmo. Esse é um dos princípios que temos"(295).

Alvin Toffler é cientista e futurólogo, nova-iorquino. Falando das premissas que tem *adeptos no mundo dos negócios,* ele aponta uma linha de postura sustentável?" Em excelente entrevista à jornalista *Cristiane Mano,* preconiza: "Há uma noção hoje de que o sucesso nos negócios depende exclusivamente da flexibilidade e da capacidade de adaptação. Se você não pensa nos passos que dará em seguida, você

---

(293) Oscar Niemeyer com seu poder de inteligência e criatividade foi inovador da moderna arquitetura no Brasil e outros países, *ad exemplum:* Brasília, capital do Brasil, patrimônio cultural da humanidade, arquitetura original e integração demográfica, geourbanística e social, inaugurada em 21.4.1961, que em 2001 já contava com mais de dois milhões e duzentos mil habitantes. O Memorial da América Latina, obra de integração dos países latino-americanos, com sede em São Paulo: e tantos outros.
(294) VASSALLO, Cláudia. "Profissão: otimismo". *Revista Exame,* edição 766, ano 36, n. 10, São Paulo: Abril, de 15 de maio de 2002, p. 57.
(295) *Idem, ibidem,* p. 58.

perde o controle do próprio destino". O autor questionado se "É possível ser grande e ágil?", da resposta, destaca-se: "A agilidade não é um termo absoluto. Não quer dizer que rápida seja uma companhia que anda a 200 quilômetros por hora. A rapidez se refere à relação com consumidores, fornecedores e concorrentes. O importante é ser mais veloz em relação aos outros em todos esses aspectos. A relação entre o tempo, os negócios e a economia é um território amplo e inexplorado"[296].

A Revista *Forbes*, destaca os vinte e nove bilionários da América Latina. O primeiro é *Carlos Slim Helu* [297], mexicano, dono de uma fortuna de onze bilhões de dólares. Em quase meio século, aprendeu muito sobre economia, administração, política e relações públicas. Transformou-se em uma das figuras mais importantes da América Latina. Começou com um terreno que ganhou do pai como presente de casamento. Poderia ter construído uma casa para a nova família. Mas pensou grande. Ergueu um prédio no local. Ocupou um dos apartamentos, alugou e vendeu os outros. Com o capital, abriu sua primeira empresa, uma construtora. A partir daí, o sucesso não parou mais. Muitos outros exemplos poderiam desfilar. Para uma reflexão estes exemplos apontam um bom caminho.

Monica Weinberg, em valiosa projeção, demonstra que os duzentos interlocutores laborais do hipercapitalismo mais ricos do mundo possuem mais dinheiro que os 2,5 (dois vírgula cinco) bilhões de pessoas mais pobres da Terra. *Ad exemplum:* entre eles, *Bill Gates*, presidente da Microsoft, em julho de 2002, já possuía 53 bilhões de dólares. Os antecedentes históricos registram que seu sucesso se iniciou com humildade. Chegou onde está em uma batalha criativa e inteligente, com metas bem definidas e trabalho perseverante[298].

A perícia e a prudência na vida são fenômenos que merecem análise dos atores sociais. A perícia ou qualidade da competência técnica é um desafio do presente e do futuro. A *perícia* é a aptidão ou habilidade para o exercício de uma atividade.

Dorothee Susanne Rüdiger analisa importantes aspectos a respeito do trabalho: "O desafio, hoje, é, mais um vez, resistir à transformação do homem em mercadoria. Os direitos humanos contêm nesse combate político um potencial crítico denunciador da ordem social, econômica, política e cultural posta pela globalização econômica"[299].

---
(296) "A quarta onda". *Revista Exame*, edição 766, cit., p. 69.
(297) "Bilionários Latinos". *Revista Veja*, edição 1.724, cit., p. 90.
(298) WEINBERG, Mônica, apresenta importantes dados em sua matéria sobre "Risque. Máquinas de fazer dinheiro", *in Revista Veja*, edição 1.761, ano 35, n. 29, 24 de julho de 2002, pp. 74-5.
(299) RÜDIGER, Dorothee Susanne (coord.). *Tendência do Direito do Trabalho para o Século XXI: globalização, descentralização produtiva e novo contratualismo.* São Paulo: LTr, 1999, pp. 27 e 30-1.

As questões que se colocam no cenário dos sujeitos da relação laboral são estas: O que está faltando? É o trabalho que deriva desemprego? Ou é: a mudança na perícia ou qualidade da competência profissional que falta?

Jean Boissonnat responde: "Não é o trabalho que falta. O que nos falta é clarividência para compreender que o trabalho está mudando radicalmente"[300].

O que se deve entender como *competência*?

Gustavo G. Boog explica o significado da competência: "Competência empresarial é o conjunto de qualidades e características que a empresa desenvolve e aperfeiçoa, com continuidade, bens e serviços que atendam às necessidades e encantem seus clientes e usuários.

Competência gerencial é o conjunto de qualidades e características que os gerentes desenvolvem para atingir continuamente os resultados de uma empresa.

O alcance da competência é global, na medida em que é um pré-requisito para o sucesso da organização, num ambiente complexo e mutável, como é caracteristicamente o clima de negócios"[301].

Gustavo G. Boog acrescenta, outrossim: "O termo *competência* tem muitos aspectos assemelhados ao termo *competição*. Competência é a qualidade de quem é capaz de apreciar e resolver certo assunto, fazer determinada coisa; significa capacidade, habilidade, aptidão e idoneidade. A competição é a busca simultânea, por dois ou mais indivíduos, de uma vantagem, uma vitória, um prêmio etc.; em biologia significa a luta dos seres vivos pela sobrevivência, especialmente quando são escassos os elementos necessários à vida entre os componentes de uma comunidade (*Aurélio B. de Holanda*)"[302] (grifos do autor).

O tratadista focaliza o *desafio da competitividade:* "Os paradigmas são guias que ajudam a estruturar a forma de pensar e agir". *Diz mais*: "A empresa competente não troca de paradigmas, saindo de um enfoque meramente mecanicista para uma abordagem meramente intuitiva. O caminho da competência é a adição, integrando as visões. A abordagem holística busca resgatar a totalidade. Para tanto, os aspectos antes secundários devem agora ser priorizados, levando a um maior equilíbrio. É preciso pensar globalmente, mas agir localmente. Os pro-

---

(300) BOISSONNAT, Jean. *2015 — Horizontes do Trabalho e do Emprego*, Relatório da Comissão presidida por Jean Boissonnat. Tradução de Edilson Alkmin Cunha. São Paulo: LTr, 1998, p. 11.
(301) BOOG, Gustavo. *O desafio da competência: como enfrentar as dificuldades do presente e preparar sua empresa para o futuro*, São Paulo: Best Seller-Círculo do Livro, 1991, p. 15.
(302) *Op. cit.*, pp. 15-16.

blemas são amplos e globais, mas as mudanças devem começar dentro de nós. Nesse processo, ou se é parte da solução ou se é parte do problema. E ninguém é inocente. Sem a pretensão de uma "receita" para a abordagem holística, aqui estão algumas ações concretas que podem e devem ser implantadas, levando em conta as peculiaridades próprias de cada organização:

"— ao decidir uma ação, perguntar: 'O que contribui para os resultados? Para as pessoas? Para a inovação?' Passar neste teste triplo é uma indicação positiva;

— investir em programas globais de qualidade e produtividade, voltando a empresa ao cliente;

— rever a estruturação organizacional, priorizando unidades menores e poucos níveis hierárquicos;

— incentivar delegação e trabalho de equipe;

— implantar uma ação descentralizada de Recursos Humanos;

— investir maciçamente em habilidades humanas e conceituais;

— investir mais ainda nas habilidades técnicas de pessoal operacional;

— não 'coisificar' pessoas e natureza;

— estruturar cargos para dar maior significado às pessoas;

— flexibilidade é vital, portanto diminua todos os limitadores a ela. A rigidez é mortal. A ordem é estéril e a inovação é fecunda. Valorizar mais a inovação que a tradição. Estimular e reverenciar a diversidade, em vez da padronização;

— ações de melhoria da motivação e comunicação do pessoal"[303] (grifos do autor).

A qualificação ou qualidade da competência profissional para a competição no mercado de trabalho com a globalização da economia, no século XXI, exigirá muito mais dos sujeitos da relação laboral.

Lucimara dos Santos, mestre em Direito pela UEP e advogada, produziu inteligente trabalho sobre "Globalização e Relações Individuais de Trabalho", apontando em suas conclusões: "Diante dessa perspectiva, cabe aos interessados (trabalhadores, empregadores, sindicatos e Estado) buscar a melhor solução de seus conflitos através de discussões e negociações, alcançando, através de um processo democrático, o equilíbrio de seus interesses"[304].

---

(303) BOOG, Gustavo G. *Op. cit.*, pp. 34 e 39-40.
(304) *Tendências do direito do trabalho para o século XXI* ..., cit., pp. 160-1.

Gustavo G. Boog aponta as dimensões do sucesso organizacional: "O conceito de sucesso organizacional precisa ser pensado com seriedade: chegou a hora de sermos eficazes em nossas operações, quer sejamos um negócio privado, uma empresa estatal ou um órgão da administração pública federal, estadual ou municipal"[305].

Por oportuno registra-se outro aspecto que vale para o profissional de atividade liberal. Além da qualidade de competência, exemplo de dignidade e ética, saber valorizar sua profissão, classe e entidade profissional.

2.6. Perspectiva da Globalização da Economia

2.6.1. Integração Latino-Americana e Mercosul. A integração latino-americana sempre foi um objetivo dessa relevante comunidade. Trata-se de uma realidade que nasceu para construir prosperidade e desenvolvimento na América Latina, especialmente entre os Estados-Partes que integram o Mercosul.

Arion Sayão Romita tratando do "Direito do Trabalho no Mercosul (Perspectiva brasileira)", destaca "A criação do Mercosul", enfatizando: "A integração latino-americana, como um todo abrangente, revelou-se um sonho de difícil concretização prática. Muito mais realista seria a integração econômica e social restrita a uma região delimitada, cuja semente remonta ao Tratado de Montevidéu, de 1960 (criador da ALALC), passa pela celebração do Tratado da Bacia do Prata, em 1969, e pela instituição da ALADI, em 1980, mercê do Tratado de Montevidéu, para desembocar na idéia geratriz do Mercosul"[306].

A teoria da função social do binômio: *trabalho-capital*, deve afinar-se pelo diapasão interacionista, não só no Mercosul; mas também na América Latina e demais países do planeta.

2.6.2. Fundamentos do Fenômeno de Integração do Mercosul. A conviviologia jurídica e harmonia social constituem importantes fundamentos do fenômeno de integração regional latino-americano.

Arion Sayão Romita, magnificamente aponta "A visão do jurista, o fenômeno da integração regional e o regime democrático", evidencia que o juslaboralista não pode isolar-se em uma torre de marfim, encarando os fenômenos econômicos e sociais apenas do ponto de vista jurídico-formal. Pelo contrário, levando em conta, como objetivo final, a efetivação da justiça social, deve firmar, inspirando-se na lição de *Rodolfo A. Nápoli*, que "o desenvolvimento econômico começa pelo homem e tem por meta sua própria felicidade, já que o homem é a medida de todas as coisas. Mas não o homem considerado no desfrutar egoísta e hedonísti-

---
(305) *Op. cit.*, p. 65.
(306) ROMITA, Arion Sayão. *Direito do trabalho: temas em aberto*, cit., p. 106.

co dos bens do mundo, e sim o homem comprometido com a sociedade, a gozar e a sofrer com ela"[307]. E ainda: "Imbuído dessa cosmovisão, o estudioso de temas laborais não pode perder de vista as transformações ocorridas no mundo desde a superação da mentalidade taylorista e fordista, sob a qual foi forjado o Direito do Trabalho.

A concentração do capital, a divisão e a especialização do trabalho facilitaram a transnacionalização das empresas, detentoras de interesses distintos até mesmo daqueles defendidos pelo Estado em que surgiram.

O progresso tecnológico, aliado a essa realidade, propiciou a globalização da economia, à qual deve contrapor-se, como reação dialética, a regionalização fundada em afinidades históricas, sociais, culturais e econômicas. Mas não só fundamentos sociológicos podem ser divisados neste processo: no elemento político reside o pressuposto fundamental da integração. Só há integração onde há democracia. O sistema democrático é o requisito essencial da integração"[308].

2.6.3. Repercussão da Globalização da Economia na Teoria da Função Social no Binômio: Trabalho-Capital. A relação trabalho-capital, reflete-se na globalização da economia. *Rosane Abreu Gonzalez Pinto*, mestre em Direito e advogada, na perspectiva de uma abordagem econômica define: "Entende-se por globalização o processo de internacionalização ou de criação do mercado mundial nos moldes do sistema capitalista de produção"[309].

O Ministro *Arnaldo Süssekind*, versando quanto a "*Posição estatal em face da globalização da economia*", destaca a "Transformação da economia e seus reflexos no mundo do trabalho", *verbis*: "O nosso mundo está vivendo, indubitavelmente, uma fase de transição resultante da nova revolução tecnológica, que se processa de forma acelerada, desde o invento dos chips. A informática, a telemática e a robotização têm profunda e ampla repercussão *intra* e *extra* empresa, configurando a chamada época pós-industrial"[310][311] (grifos do autor).

---

(307) NAPOLI, Rodolfo A. *Desarrollo, integración y derecho del trabajo*. Astrea: Buenos Aires, 1972, p. 72, nota 4. *In: op. cit.*, p. 106.
(308) *Op. cit.*, pp. 106-7.
(309) *Tendências do direito do trabalho para o século XXI: globalização, descentralização produtiva e novo contratualismo*, Dorothee Susanne Rüdiger (coord.). São Paulo: LTr, 1999, p. 54.
(310) "Como registrou o Diretor-Geral da OIT, MICHEL HANSENNE, no seu relatório à Conferência Internacional do Trabalho de 1995, "a extraordinária redução dos custos da microeletrônica, associada a gerações sucessivas de circuitos integrados, telecomunicadores e computadores, está repercutindo de forma poderosa em quase todos os ramos da economia: no setor primário, no secundário e no terciário" (Informe I, Parte I, Genebra, 1995, p. 32)". *Direito constitucional do trabalho*, cit., p. 39, nota 22.
(311) *Op. cit.*, p. 39.

A *globalização da economia* é uma fenomenologia contemporânea que se refletirá no curso do século XXI.

Manoel Ilson Cordeiro Rocha, mestre em Direito pela UEP e advogado, em excelente trabalho sobre "O Estado do Bem-Estar frente as Relações de Trabalho Globalizadas", enfatiza: "É preciso compreender a dimensão dos reflexos da política social-democrata nas relações de trabalho para se avaliar até que ponto os efeitos que a globalização destas relações podem provocar ou contribuir para uma crise no Estado do Bem-Estar Social. Também é necessário entender que a avaliação de efeitos do Estado sobre as relações de trabalho assume uma subjetividade tal que a questão não se restringe à maior ou menor amplitude de proteção ou regulação destas relações a favor ou contra quem entra com o trabalho ou com o capital no processo produtivo. É notadamente uma questão ideológica porque a *dicotomia*, real ou não, do *capital* e do *trabalho* produziu uma disputa política concreta neste século, seja pelo gerenciamento do Estado capitalista, seja pela emancipação do trabalho como força produtiva"[312][313] (grifa-se).

Arion Sayão Romita destaca com apoio em *Habermas*: "Fala-se em *crise* econômica e em *crise* do Direito do Trabalho. A flexibilização seria uma das respostas a elas.

Que quer dizer crise? Elucida *Habermas* que, antes do seu uso como termo científico-social, o conceito de crise era-nos familiar conforme seu uso médico: designa a fase de uma doença na qual se reconhece que os poderes do organismo não são suficientes, por si sós, para recobrar a saúde. Associa-se à crise a idéia de uma força objetiva, que priva o sujeito de alguma parte de sua capacidade normal. Hoje, nas ciências sociais, usa-se freqüentemente um conceito teórico sistêmico de crise. Em perspectiva sistêmica, "as crises surgem quando a estrutura de um sistema social permite menores possibilidades para resolver o problema do que são necessárias para a contínua existência

---

(312) *Tendências do direito do trabalho para o século XXI: globalização, descentralização produtiva e novo contratualismo*, Dorothee Susanne Rüdiger (coord.). São Paulo: LTr, 1999, p. 83. *Clóvis Lima da Silva*, mestre em Direito pela UEP, em criativo trabalho sobre "Propriedade e Globalização", salienta importantes aspectos. *Tendências do direito do trabalho para o século XXI* ..., cit., p. 123.
(313) Dorothee Susanne Rüdiger, Mestre e Doutora em Direito pela USP: em notável trabalho sobre a "Globalização Econômica, Descentralização Produtiva e Direitos Fundamentais dos Trabalhos", destaca "Os agentes da globalização". *Tendências do direito do trabalho para o século XXI: globalização, descentralização produtiva e novo contratualismo*. Dorothee Susanne Rüdiger (coord.). São Paulo: LTr, 1999, pp. 19-20.

CONVIVIOLOGIA JURÍDICA E VALORES SOCIAIS DO TRABALHO-CAPITAL 119

do sistema. Neste sentido, as crises são vistas como distúrbios persistentes da integração do sistema"[314][315] (grifos do autor).

Jean Boissonnat, pesquisador francês, tratando dos fenômenos trabalho, emprego e diagnóstico, destaca o *sistema trabalho-emprego* que passa por fortes tensões cujos resultados mais dramáticos e mais evidentes são as dificuldades sociais devido ao desemprego e à desigualdade diante do emprego, e enfatiza: "Este é, de fato, confrontando por mutações — importantes, simultâneas, dependentes — que atingem vários campos: organização da economia mundial, evolução do sistema produtivo nacional, transformações dos costumes e dos comportamentos, dos valores e das representações.

As reações dos atores e as decisões dos responsáveis são insuficientes, tardias ou ineptas, carentes de uma correta representação da realidade. 'As políticas de emprego têm sido conduzidas, na maioria das vezes, com urgência, focalizando sucessivamente cada um dos instrumentos, com efeitos de ciclo e de modalidade e, sobretudo, sem verdadeira parceria coletiva registrada em sua duração'[316].

De fato, tendo em vista o que deve ser considerado como uma mudança de ordem do contexto econômico e social, o emprego e o trabalho são imobilizados numa transição entre um modelo que não funciona mais corretamente e outros cujos contornos não estão ainda claramente delineados"[317].

Outros aspectos poderiam figurar nesse cenário da globalização da economia como fatores que alcançam a *crise de desemprego*, sem se conseguirem diagnósticos seguros para oferecer respostas a possíveis soluções.

2.7. Perspectiva da Globalização do Direito

A globalização da economia é um fenômeno marcante e irreversível. A comunicação não é diferente com a moderna tecnologia da informática, *internet* e *satélites*. Estes fenômenos e organismos regem-se por normas jurídicas de natureza mundial.

E globalização do direito? Afirma-se positivamente em horizontes determinados no universo.

---

(314) HABERMAS, Jürgen. *A crise de legitimação no capitalismo tardio.* Trad. de Vamireh Chacon, Rio de Janeiro: Tempo Brasileiro, 1980, pp. 11-3. "Direito do trabalho: temas em aberto", cit., nota 2, p. 111.
(315) *Op. cit*, p. 111.
(316) *La France de l'an 2000*, relatório ao Primeiro-Ministro, da comissão presidida por A. Minc, Comissariado-Geral do Plano, Paris: Odile Jacob, 1994. *In: op. cit.*, p. 53, nota 1.
(317) *Op. cit.*, p. 53.

Mireille Delmas-Marty, Professora Catedrática de Direito Penal da Universidade de Paris Panthéon — Sorbonne, Diretora da Escola Doutoral de Direito Comparado da mesma instituição, Presidente da Associação Européia de Pesquisas Criminais, órgão de apoio ao Parlamento Europeu e ao Conselho da Europa e membro do Instituto Universitário da França, tratando do "Laboratório da Globalização do Direito" reconhece: "O Direito mundial não existe se o entendermos como um conjunto coerente de normas jurídicas aplicáveis, e aplicáveis de forma uniforme, numa escala planetária. Em contraparte, o fenômeno chamado de globalização traz uma transformação dos sistemas do Direito, sob dupla influência do *mercado* e dos *direitos* do homem.

No que tange ao mercado, trata-se da globalização econômica"[318] (grifos da autora).

Diz ainda: "Do lado dos direitos do homem, observamos a emergência dum universalismo ético, anunciado desde 1948 pela Declaração *Universal* dos Direitos do Homem, e enquadrada, a partir de então, por diversos instrumentos internacionais, nos quadros regional ou mundial.

Ambos os fenômenos contribuem com a proliferação de fragmentos de um direito comum, composto de normas inter e supra-nacionais, que têm a vocação de ser aplicadas além das fronteiras nacionais e não se limitam às relações entre Estados, mas podem ser-lhes às vezes contrários. Nesse sentido, o processo de globalização do Direito já está engajado e a questão não é mais a de saber se somos a favor ou contra, de tanto que o fenômeno parece inevitável, mas sim como resolver os problemas que ele está começando a causar. Dito de outra maneira: como levantar os desafios lançados pela globalização do Direito"[319].

Portanto, a globalização do direito é uma fenomenologia, cuja realidade desafia inteligente reflexão. Criado em 2002, o Tribunal Internacional Penal para conhecer, julgar e executar as penas aplicadas nos crimes de sua competência.

2.8. Agentes Produtivos no Binômio: Hipertrabalho-Hipercapital no Mundo

A bússola que aponta o caminho de novos desafios da inteligência para os pontos cardeais do universo no relacionamento entre os

---

(318) "Laboratório da Globalização do Direito". *Revista Jurídica Consulex*, ano VI, n. 132, Brasília: Consulex, 15 de julho de 2002, p. 13.
(319) *Idem, ibidem*, p. 13.

CONVIVIOLOGIA JURÍDICA E VALORES SOCIAIS DO TRABALHO-CAPITAL   121

agentes produtivos no binômio: hipertrabalho-hipercapital ou macrotrabalho-macrocapital.

Mônica Weinberg aponta os duzentos interlocutores mais ricos do mundo do hipercapitalismo que possuem mais dinheiro que os 2,5 (dois vírgula cinco) bilhões de pessoas mais pobres da Terra. Ad exemplum: "Bill Gates, presidente da Microsoft, em julho de 2002, já possuía 53 bilhões de dólares, equivalente ao PIB de 43 países onde moram 600 milhões de pessoas". A jornalista salienta a análise dos especialistas: David Dollar, pesquisador do Banco Mundial. Ele informa que até o início dos anos 1980 a renda per capita dos países ricos cresceu em ritmo maior que a da nações pobres, consoante dados do Banco Mundial. De vinte anos para cá, a curva se inverteu. Dollar cita como exemplos a China e a Índia. Os dois países apresentaram elevadas taxas de crescimento nos últimos anos, e isso afetou positivamente a vida de centenas de milhões de miseráveis. "Com o crescimento, a pobreza diminuiu e a desigualdade acompanhou a queda", declarou Dollar a VEJA. Por outro lado, James Galbraith, da Universidade do Texas, critica os dados do Banco Mundial usados por Dollar, apontando como exemplo a Noruega e a Índia que possuem graus de desiguladades semelhantes. A Noruega tem renda per capita de 34.500 dólares, contra 450 da Índia. Numa divisão aritmética simples, vê-se que a renda que o indiano médio aufere em um ano o norueguês recebe em cinco dias. A criativa analista da Veja questiona: "Quem está certo, Dollar ou Galbraith?" A profissional em sua brilhante análise responde os dois dos maiores problemas sociais da atualidade: a taxa de miséria do mundo e a desigualdade: "A taxa de miseráveis calcula a fatia da população do planeta obrigada a viver com renda inferior ao patamar capaz de suprir as necessidades básicas do indivíduo. Aceita-se internacionalmente que o patamar de corte é um dólar por dia. Sabe-se que há cerca de 1,3 bilhões de pessoas que vivem com menos que isso. De acordo com um estudo da Universidade Columbia, a atual taxa de miseráveis é um terço da registrada há trinta anos. Trata-se de um dado positivo e altamente estimulante.

Na outra ponta, está a desigualdade de renda entre ricos e pobres, o chamado fosso social. Alguns exemplos de fosso: os países em desenvolvimento possuem 80% da população mundial, mas detêm apenas 20% da riqueza. Um americano precisa trabalhar o equivalente a um mês para pagar um computador, enquanto um cidadão de Bangladesh trabalha oito anos para fazer a mesma compra. No Principado de Mônaco, 99 de cada 100 habitantes têm uma linha telefônica. No Camboja, apenas um. Só um insensível festejaria tais números.

Um dos exemplos mais espetaculares de desigualdade de renda é o que coteja a riqueza de uma porção da Terra com a fortuna de executivos da gigante Microsoft. Somando-se o patrimônio de Bill Gates, o de Paul Allen e o de Steve Ballmer, o que dá 93 bilhões de dólares, descobre-se que o volume de dinheiro na direção dessa empresa é maior que o produto interno bruto de 43 países pobres"[320].

Peter Drucker destaca que o fator-chave que vai determinar os desdobramentos econômicos é a demografia. Ele analisa as tendências atuais, olha para a história econômica desde a Revolução Industrial e vê mais revoluções chegando:

"Na natureza do trabalho, nas relações empresa-empregado, na educação e na assistência à saúde. Você pode pensar que isso só vale para países desenvolvidos. Não. Vale também para emergentes como a China e o Brasil. É notável que estejamos submetidos hoje aos mesmos fatores que já determinam a lógica do futuro do mundo rico"[321].

O inventor da administração, tratando sobre os grandes desafios da nova sociedade, identifica, sem ter nenhum país particular em mente, e afirma serem válidos para o Brasil:

"1. Aumentar a produtividade qualificando as pessoas, em vez de colocar mais pessoas desqualificadas (recursos) no mercado de trabalho. Pessoas, na era do conhecimento, não são mais trabalho, são capital.

2. Aprender a medir e aumentar a produtividade dos trabalhadores do conhecimento. Ainda ninguém sabe como fazer isso. Exatamente por isso, países como o nosso têm uma chance realista de queimar etapas e atingir um patamar qualitativamente mais avançado. Não se trata de 'progredir', trata-se de inovar. As instituições e as políticas da era do conhecimento são desestabilizadoras. Ficam novas formas de trabalhar e produzir. Sua missão é colocar, continuamente, o conhecimento para trabalhar: em ferramentas, em processos, em produtos, no próprio trabalho, no próprio conhecimento"[322].

Peter Drucker alinha: "Temos de passar de uma concentração quase exclusiva no aprendizado prolongado de jovens para uma nova ênfase em aprendizado contínuo de adultos. O aprendizado contínuo seria uma ousada resposta do setor público à exposição da força de trabalho a uma economia em que o trabalho voltado para o conhecimento é a vantagem comparativa. Mesmo para adultos bem treinados

---

(320) "Os 200 homens mais ricos do mundo". *Revista Veja*, edição 1.761, ano 35, n. 29, 24 de julho de 2002, pp. 74-5.
(321) "O inventor da administração e o desafio brasileiro". *Revista Exame*, edição 766, cit., p. 88.
(322) *Idem, ibidem*, p. 90.

e com alto conhecimento a educação nunca terminará, porque o conhecimento se torna rapidamente obsoleto. A educação contínua de adultos será um dos mais dinâmicos setores da economia"[323].

Don Tapscott, americano, consultor e especialista em impacto da tecnologia nas empresas, aponta: "O grande desafio para o líder de hoje é criar mecanismos de alto desempenho a fim de agregar valor para o consumidor e para o acionista em um novo mundo de hipercapitalismo. Digo hipercapitalismo em vez de Nova Economia porque nunca houve uma Nova Economia, ao menos no sentido que a maioria das pessoas usa a expressão. A tecnologia, independentemente de sua importância, não cria uma nova economia. Nossa economia ainda é o capitalismo, baseado na sabedoria do mercado e na propriedade privada da riqueza"[324].

O autor diz mais:

"Na economia hipercapitalista, os relacionamentos vão além dos limites da empresa, estendo-se a clientes e parceiros de negócios. Esses relacionamentos, tanto internos quanto externos, são tão importantes que faz sentido considerá-los como capital. A habilidade de uma empresa em conseguir o engajamento de seus funcionários, clientes, fornecedores e outros parceiros em trocas de valor mutuamente benéficas determina seu capital de relacionamento"[325].

Não se pode esquecer na equação, hipertrabalho-hipercapital: da conviviologia jurídica e harmonia social. Igualmente de outra aspectologia que deve operar no binômio de forma poderosa: é o *fator confiança*. Os exemplos da sensação de desconfiança atuam no começo do século XXI, não só entre os sujeitos da relação laboral, mas de maneira fulminante no mundo da trilogia globalizada: trabalho-capital e padrões éticos. Estes deveriam ser invioláveis.

Felix Rohatyn, americano que já foi secretário do Tesouro e embaixador dos EUA na França entre 1997 e 2000, conforme citam *Eurípedes Alcântara* e *Eduardo Salgado*, em matéria "Especial da VEJA" a respeito da "Vitória dos ricos na globalização", salientam que o mais preocupante dos problemas atuais, no entanto, é a *crise de confiança* no mais robusto dos pilares do tripé do capitalismo global, a formidável galáxia financeira dos Estados Unidos: "Toda nossa riqueza é baseada na idéia de que certos padrões éticos nunca são violados. É justamente isso que está sendo posto em dúvida atualmente"[326].

(323) *Idem, ibidem.*
(324) *Idem, ibidem*, p. 110.
(325) *Idem, ibidem*, p. 112.
(326) *Revista Veja*, edição 1.753, ano 35, n. 21, São Paulo: Abril, de 29 de maio de 2002, p. 101.

Muitos são os exemplos: nos EUA em 2002, as Bolsas de valores e investidores. A Wall Street e os especuladores, a Enron — gigante do setor de energia — quebrou, acusada de fraudes contábeis. Também *Merryll Lynch*, corretora tradicional, foi condenada a pagar 100 milhões de dólares de multa, porque produziu análises positivas falsas sobre ações de interesse de seus diretores. Merece uma reflexão quanto ao fator: *confiança* que deve operar no relacionamento da economia ou hipereconomia mundial e o trabalho ou hipertrabalho.

Pode-se concluir claramente que outro desafio do presente e do futuro para os agentes produtivos no binômio, hipertrabalho-hipercapital, é resolver também o exercício do direito de uma vida com dignidade aos jovens e aos adultos. Estes ditos "terceira idade", ou seja, com idade acima de 60 anos. Muitos deles com valiosa experiência da escola da vida acumulada com sábio aprendizado. O jovem profissional precisa trabalhar. Mas não se pode olvidar de continuar investindo no adulto, não só o de 40 anos, também os de 60, 70, 80 anos de idade ou enquanto sua lucidez permitir que eles utilizem seus conhecimentos acumulados, para que o jovem não deixe de ver o quanto é importante a lição da escola da prática da vida do adulto.

2.9. Crime do Exercício Arbitrário das Próprias Razões

O exercício arbitrário das próprias razões é crime definido no *Código Penal*: "Art. 345. Fazer justiça pelas próprias mãos, para satisfazer pretensão, embora legítima, salvo quando a lei o permita. Pena — detenção, de quinze dias a um mês, ou multa, além da pena correspondente à violência".

Deve-se ter presente que não se pode querer realizar justiça na solução de conflito pelas próprias mãos. É uma função privativa de autoridades com atribuição específica e do Estado-juiz. O acesso à Justiça, atualmente, está ao alcance não só das pessoas com maior poder aquisitivo, mas também dos humildes ou pobres, gratuitamente nos órgãos de soluções de controvérsias extrajudiciais e judiciais.

2.10. Órgão de Solução de Controvérsia Extrajudicial e Judicial

2.10.1. Análise Preliminar. Os interlocutores laborais, sociais e políticos, dispõem de importantíssimos órgãos de soluções de controvérsias extrajudiciais e judiciais: os Juizados Especiais Cíveis e Criminais: Federais e Estaduais, Comissões de Conciliação Prévia Trabalhista e Conselhos Arbitrais. Exercem uma nobre função social.

Abrem-se novas perspetivas para as pessoas alcançarem a tribuna de acesso à Justiça e exercerem seus direitos com: celeridade, simplicidade, informalidade, segurança, economia e isenção de despesas processuais[327].

2.10.2. Juizados Especiais Estaduais e Federais: Cíveis e Criminais. Os protagonistas sociais podem recorrerem aos Juizados Especiais Cíveis e Criminais Estaduais, criados pela Lei n. 9.099/95. Os Juizados Especiais Cíveis e Criminais no âmbito da Justiça Federal, Lei n. 10.492/2001.

Os Juizados Especiais Criminais poderão conhecer, conciliar, processar, julgar e executar suas decisões dos crimes ou infrações de menor potencial ofensivo, que a lei comine pena máxima não superior a dois anos, ou multa. Os Juizados Especiais Cíveis têm competência para conhecer, conciliar, processar, julgar e executar: causas até sessenta salários mínimos. Com isso, facilitará o exercício da conviviologia e harmonia entre os atores sociais.

2.10.3. Comissões de Conciliação Prévia Trabalhista e Conselhos Arbitrais. Outros Órgãos Conciliadores. As Comissões de Conciliação Prévia[328] foram instituídas pela Lei n. 9.958/2000. Acrescentou na CLT, o Título VI-A, arts. 625-A a 625-H, deu nova redação ao art. 876 e acrescentou o art. 877-A. Este órgão objetiva conciliar os interesses entre os sujeitos da relação de emprego: trabalhador e empregador. Com isso, prevenir conflito na Justiça do Trabalho.

Os Conselhos ou Câmaras de Arbitragem, Lei n. 9.307/96 e Código de Processo Civil, arts. 584, III e 585, II. Estes têm a finalidade de solucionar conflito extrajudicial em determinados litígios relativos a direitos patrimoniais disponíveis, segundo a vontade das partes que a convencionar. Trata-se de uma Justiça alternativa.

Os protagonistas sociais poderão, ainda, exercer o direito em outro moderno e eficaz órgão conciliador alternativo: o Ministério Público (Compromisso de Ajustamento de Conduta = transação conciliatória — com eficácia de título executivo extrajudicial, Lei n. 7.347/85, art. 5º, § 6º — ação civil pública): Defensoria Pública, Advogados dos transatores e Código de Defesa do Consumidor, Lei n. 8.078/90, os Procon's.

---

(327) *Altamiro J. dos Santos*, examina pormenorizadamente e construindo instrumental prático, didático, técnico, jurídico e científico facilitará extraordinariamente a missão e o trabalho de entendimento conciliatório e solução preventiva de conflitos perante a *Justiça do Trabalho*, além de fornecer elementos notáveis para a convivência e harmonia entre os sujeitos da relação de emprego: *trabalhador* e *empregador*. *Comissões de Conciliação Prévia — Conviviologia Jurídica e Harmonia Social.* São Paulo: LTr, 2000.
(328) Examina-se os mais importantes e de forma inovadora os institutos para o sucesso da Comissões de Conciliação Prévia. *Altamiro J. dos Santos*. Comissão de Conciliação Prévia — Conviviologia Jurídica e Harmonia Social. São Paulo: LTr, 2001.

2.10.4. Força e Importância da Arte do Diálogo para o Sucesso dos Conciliadores.

Os conciliadores exercem uma nobre função social para o acesso de pessoas à Justiça.

Os agentes produtivos do binômio trabalho-capital: trabalhador — empregador e outros protagonistas sociais devem cultivar a *arte* do *diálogo* para vencer *desafios*. O princípio básico é falar *pouco* e dizer *bastante*, com inteligência. Deve-se tratar as pessoas com clareza, lealdade, objetividade, criatividade e segurança.

Os interlocutores laborais, sociais e políticos devem exercer com sabedoria a arte de *bom* conciliador nas dimensões de sua vida.

Em notável magistério *Rubens Bittencourt*, tratando do perfil ideal do conciliador, diz: "O conciliador deve ser uma pessoa receptiva, atenciosa, concisa (falando muito com poucas palavras), de boa memória, espontânea, com postura natural, observador discreto, de emoções contidas e que sobretudo inspire confiança e segurança àqueles a quem se dirige. Para tanto, deverá demonstrar-se aberto ao diálogo e num plano de igualdade, afastando desde logo os obstáculos que possam causar um distanciamento interpessoal.

Deve ter uma visão ampla dos problemas periféricos que afetam direta ou indiretamente o comportamento humano no grupo social e comunitário no qual vive, lembrando sempre, ser o homem produto do meio"[329].

O jurista acrescenta: "O conciliador deve agir com sabedoria, pois este é o caminho seguro para que possa exercer seu poder de influência e persuadir as partes na busca de uma solução que satisfaça a ambos os interesses controvertidos"[330].

O autor alinha, ainda, a *sabedoria*, na conceituação de *Fernando Bastos de Ávila*, "é uma compreensão superior do mundo e da vida, acumulada através da experiência e da meditação. É mais que a instrução, a qual fornece conhecimentos, técnicas e habilidades; é mais também que a educação, que forma a personalidade; é mais do que a ciência resultante de uma aprendizagem sistemática. A sabedoria resulta do amadurecimento do homem, tornando-o capaz de extrair da própria vida os elementos que lhe permitem compreendê-lo"[331] (grifos do autor).

O ser humano é capaz de sentir, pensar, criar, agir, executar e alcançar suas metas. Por isso, é capaz de exercer sua genialidade no trabalho criativo e orientar-se pela bússola da inteligência para ver o rumo do sucesso na vida de todas as pessoas nos horizontes do *bem*.

---

(329) BITTENCOURT, Rubens. *Instituições de direito econômico.* Curitiba: Juruá, 1996, p. 45.
(330) *Idem, ibidem,* p. 47.
(331) *Apud Instituições de direito econômico.* Curitiba: Juruá, 1996, p. 48.

3. Conclusão

A teoria da função social no binômio: *trabalho-capital*, é tão importante, que se parassem esses dois fenômenos, sem a menor dúvida, o mundo não continuaria o mesmo. O trabalho e o capital são fenômenos de produção de riqueza, que só a genialidade do ser humano poderia ter construído.

Logo, não se poderia compreender um, sem o outro; nem entender, a desconfiança que se opera entre eles, especialmente, para afastar o convívio e a harmonia na tribuna da alegria, felicidade, marca pessoal de seus agentes econômicos no pódio da escola de sucesso.

A qualidade da competência profissional na competitividade do mercado de trabalho é atributo que pode decidir o presente e futuro do interlocutor laboral.

A inovadora *teoria da função social no binômio trabalho-capital* pode servir de bússola para orientar o rumo dos horizontes dos interlocutores laborais, no exercício nobre do *idealismo vocacional perseverante* no universo dos valores sociais do trabalho e do capital no mundo.

Seção III
Da Doença de Origem Emocional no Século XXI

1. Análise Preliminar

A heterogeneidade de desafios da vida moderna no início do século XXI e III Milênio apresenta nova fenomenologia: a *doença* de origem emocional. O *stress* e o *distress* produzem efeitos que atingem o equilíbrio emocional, não só dos agentes econômicos, mas também dos interlocutores sociais e políticos.

Múltiplas são as fontes de causas que geram conseqüências desafiadoras dos profissionais da medicina, psicologia, sociologia, conviviologia, direito, economia, administração, comunicação, informática e todas as demais ciências da genialidade humana.

2. Gerenciar o Sentimento e Pensamento: Solução para Equilíbrio Emocional

A vida moderna revoluciona os limites da capacidade de sentir e pensar do ser humano e suportar tantos desafios da inteligência. A mente é uma fábrica de pensamentos positivos ou negativos que trabalha 24 horas por dia sem parar.

Sentir, pensar e agir constituem verdadeiros desafios da ciência. Gerenciar a emoção e o sentimento é um desafio da genialidade humana.

A emoção pode constituir uma desafiadora fonte de produção de *estress* e *distress*, doenças que atingem expressiva comunidade de pessoas no mundo do século XXI.

O cientista *Augusto Jorge Cury* em magnífica pesquisa, pontua: "Pensar e agir devem rimar na mesma poesia. Ninguém pode acalmar as águas da emoção se não aprender a controlar a agitação dos seus pensamentos. Ser feliz pode ter se tornado hoje uma miragem para você. Sua vida talvez tenha se transformado num canteiro de *stress*". O autor questiona: "Por que tem aumentado o índice de doenças psíquicas na atualidade? Porque melhoramos os diagnósticos e as pessoas têm menos preconceitos para procurar um psiquiatra ou psicólogo? Não apenas por isso, mas principalmente porque o mundo moderno se transformou numa fábrica de *stress* e ansiedade.

Tais sintomas não são privilégios de uma classe social ou de uma fase da vida. Jovens e adultos, ricos e pobres, intelectuais e iletrados têm tido uma baixa qualidade de vida. As crianças também estão apresentando conflitos com freqüência". Acrescenta: "Nunca devemos nos esquecer de que devemos e podemos gerenciar as idéias que nos perturbam silenciosamente. Se você não as controla, elas aprisionam sua emoção". Diz mais: "A maior fonte é o mundo das idéias. Quantos pensamentos produzimos por dia? Milhares e milhares. Pensamos sobre os fatos passados e futuros, sobre as circunstâncias da vida, sobre as tarefas do dia a dia, sobre as pessoas com as quais vivemos. Tente parar de pensar. Você não conseguirá". E ainda: "Fazem exames e tomam diversos medicamentos, inclusive vitaminas, mas nada resolve o esquecimento. Por que não resolve? Porque nem os médicos, nem os pacientes percebem que o *deficit* de memória é uma defesa positiva do cérebro da pessoa que está estressada"[332].

O douto tratadista cria técnicas de treinamento para gerenciar os pensamentos e as emoções, destacando-se as seguintes: "Duvide do conteúdo de todas as idéias e de todos os pensamentos que debelam sua saúde psíquica. Duvide da sua incapacidade de superar seus conflitos, seus fracassos, sua insegurança, sua ansiedade. Duvide da sua incapacidade de ser feliz. ... Não duvide do valor da vida, da paz, do amor, do prazer de viver, enfim, de tudo que faz a vida florescer. Mas duvide de tudo que a compromete. ... Critique diariamente os pensamentos negativos. Confronte com as idéias que o paralisam e o desanimam. Você não é obrigado a viver passivamente as idéias que são encenadas no palco de sua mente. ... A emoção é bela, mas ingênua. Não seja passivo diante das dores, determine o que você quer sentir.

---

(332) CURY, Augusto Jorge. *Treinando a emoção ...*, cit., pp. 18, 19, 20 e 24.

Não peça licença para ser feliz, determine ser feliz. Determine ser tranqüilo, sereno, alegre. O campo de energia emocional precisa se submeter à autoridade do "eu"[333].

O cientista econômico *Edgar Aquino Rocha* lembra que: "Nos tempos de hoje, em que se debatem a cada passo os problemas mais graves da sociedade, torna-se imprescindível a todos o estudo da Economia que, como se sabe, é um ramo das ciências sociais. ... Melhores fossem os conhecimentos econômicos, certamente menor seria a delinqüência, o suicídio, resultado, freqüentemente, da pobreza e da miséria"[334].

Todavia, os agentes econômicos não têm mais tempo de sentirem e pensarem a *emoção*. As questões que os desafiam são tantas. Não se questiona sua importância. Todavia, não se pode parar de sentir o valor da emoção do ser humano que aciona todos os desafios do dia-a-dia.

3. Diagnóstico e Profilaxia: Qualidade e Quantidade de Vida

A crise econômica, violência, criminalidade, insegurança pública e social são *causas* que poderão desencadear doenças emocionais que derivam em muitos *efeitos* de difícil *diagnóstico*. Muitas doenças vêm oferecendo dificuldade para a Medicina diagnosticar, ou seja, identificar suas causas apenas pelos sintomas. O *stress*, o desequilíbrio emocional podem afetar o sistema imunológico do organismo humano, originando efeitos de difícil identificação. O remédio jurídico pode resolver muitos *complicômetros* de pacientes que, muitas vezes, perdem a paz no curso do dia, não dormem a noite, porque alguém violou seu direito ou ele violou o direito de alguém. Precisa de uma solução rápida!

Os cientistas da medicina criam e revolucionam novas técnica científicas para a *diagnose*. *Julio Polisuk* e *Sylvio Goldfeld*, lecionam sobre as diagnoses: "Processo pelo qual se determina a natureza de uma doença ou desordem, mediante o estudo de sua origem, evolução, sinais e sintomas manifestos"[335].

Deve-se procurar entender com clareza a *profilaxia*.

O que é profilaxia? A profilaxia, como ensinam *Julio Polisuk* e *Sylvio Goldfeld* é: "O conjunto de meios que servem para preservar de enfermidade ao indivíduo ou à sociedade; tratamento precurativo"[336].

---
(333) *Idem, ibidem*, pp. 26-27.
(334) ROCHA, Edgar Aquino. *Manual de Economia Política*, 29ª ed., São Paulo: Nacional, 1967, p. 17.
(335) POLISUK, Julio e GOLDFELD, Sylvio. *Dicionário de Medicina*, Rio de Janeiro: Científica, 1974, pp. 112-3.
(336) *Idem, ibidem*, p. 276.

4. Causas e Efeitos do *Stress* e do *Distress*. Rir, Alegria e Criatividade são fenômenos de Saúde

O elenco de causas e efeitos que determinam a redução da qualidade e quantidade de vida são numerosos. Desafiam a inteligência dos especialistas da *ciência* e da *arte.* Os fenômenos emocionais tanto podem enriquecer como podem empobrecer o *ser humano.* Se for de prosperidade enriquecem e contribuem para o crescimento da qualidade e quantidade de vida. Se for de insucesso podem constituir graves conseqüências para a saúde, reduzir a qualidade e quantidade de vida.

O *stress* e o *distress* podem derivar em cruel causas que atingem, muitas vezes, fulminantemente a vida humana.

Luiz Bodachne, médico geriatra do Hospital Universitário Cajuru da PUC/PR, pontua interessantes aspectos das *"doenças cardiovasculares"* tratando do *stress:* "Tido por muitos como o mal do século XXI, o estresse pode ser definido como um conjunto de reações inespecíficas que o organismo desenvolve em frente a situações que exigem esforço de adaptação.

Considerada pela OMS (Organização Mundial de Saúde) como doença em sua forma crônica, seus efeitos são, além de cumulativos, proporcionais à intensidade e duração da solicitação e da capacidade de reação do organismo. Afeta todos os seres vivos, sendo os agentes estressantes de *natureza física, química, biológica, emocional, ambiental e social"* [337] (grifa-se).

As relações entre os agentes produtivos do trabalhador subordinado e o chefe devem ser respeitosas, amistosas e orientar-se pela conviviologia e harmonia. Devem evitar a rivalidade, humilhação, ignorância, desqualificação pessoal e dignidade entre eles. Isso só serve para provocar insegurança, sofrimento e *stress* ou *distress* que atinge à saúde e leva à improdutividade de cada um. Pode até comprometer a saúde cardiológica do ser humano.

Mário Sérgio Julio Cerci, médico cardiologista e pesquisador, apresenta magnífico estudo científico a respeito do *"Estresse e o coração".* Pode-se avaliar o significado da análise que ele aponta, citando exemplos das situações em que o coração aumenta o número e a força dos batimentos. Isso ocorre pela liberação de adrenalina, pela mediação do sistema nervoso central. Diz o especialista: "Este mesmo fato ocorre em outras situações em que haja dor, prazer, esperança ou medo, havendo uma aceleração dos nossos corações. Hoje vivemos em grandes cidades onde a violência, a competitividade e o desamor são cres-

---

[337] "Doenças cardiovasculares". *O Estado do Paraná.* Curitiba: O Estado do Paraná, 14 de julho de 2002, p. 6.

centes. Estas situações causam um afastamento das pessoas, a afetividade entre elas fica comprometida, gerando uma animosidade que causa sofrimento e ansiedade que desgasta excessivamente os nossos corações e os vasos sangüíneos. Isso fica amplamente comprovado pelo fato de que as doenças cardiovasculares tais como hipertensão arterial, infarto do miocárdio e acidente vascular cerebral são as que mais matam em todo o mundo"[338].

O cardiologista destaca valiosa análise da personalidade deste tipo de pacientes: 97% deles têm como característica um comportamento perfeccionista, centralizador, intensamente competitivo e com grau elevado de ansiedade. Diz mais: "Cerca de 75% desses pacientes apresentam ansiedade psíquica e somática, 72% apresentam algum tipo de insônia. Esses dados mostram que no infarto do coração, uma doença com *múltiplas causas, o estresse emocional* tem uma importância fundamental. E, para se evitar esta doença, é necessário um trabalho conjunto entre médico e psicólogo, no sentido de estimular o paciente *estressado a modificar seu estilo de vida altamente prejudicial ao seu coração*"[339] (grifa-se).

O desafio de tantas exigências na vida de cada ser humano, atualmente, pode levar a emoção descontrolada atingir na educação alimentar e outros fatores, desencadear novos fenômenos cardiológicos que podem ceifar a vida de milhares de agentes econômicos e interlocutores sociais e políticos.

Recente pesquisa descobriu o maior inimigo do coração: as placas *moles* de gordura. Elas não causam sintomas, não aparecem nos exames mais comuns e são responsáveis por 70% dos infartos, pontifica a jornalista *Anna Paula Buchalla*, em magnífica reportagem científica: "A descoberta que está revolucionando a medicina cardíaca mostra que essas placas duras são responsáveis por uma porção pequena dos infartos — cerca de 30%. A grande maioria deles, 70%, é causada por um processo totalmente diferente, mais complexo e invisível. Nesse processo, placas moles, formadas basicamente de gorduras, se rompem, desencadeando um engarrafamento bioquímico dentro da artéria coronária. Esse engarrafamento produz um coágulo e é ele que interrompe o fluxo de sangue no momento crucial do ataque cardíaco. É uma mudança e tanto na compreensão do infarto e no seu tratamento". Acrescenta: "Há cerca de cinco anos, as investigações do cardiologista Steven Nissen, diretor da Cleveland Clinic, começaram a derrotar o paradigma até então aceito integralmente de que as placas calcificadas

---

(338) CERCI, Mário Sérgio Julio. "Estresse e o coração". *O Estado do Paraná*, Caderno "Bom Domingo", Curitiba: O Estado do Paraná, 7 de maio de 2000, p. 2.
(339) *Idem, ibidem*, p. 2.

eram o único agente do infarto". Noticia ainda: "Agora, os médicos do coração estão diante de um desafio mais complexo.

Diferentemente do que acontece com as placas duras, as moles não comprometem a irrigação sangüínea do coração. Pior: elas não causam sintomas e são imperceptíveis pelos exames convencionais, como o ecocardiograma, o cateterismo ou o teste de esforço cardíaco. Sua vítima não sente nada até o momento em que é surpreendida pelo ataque. Ao contrário das obstruções duras, as placas moles ficam dentro das paredes das artérias, mas não obstruem o canal por onde o sangue passa. Se fossem estáveis não trariam dano algum à saúde"[340].

Anna Paula Buchalla, Paula Beatriz Neiva e Karina Pastore em excelente matéria "Especial — Como ter um coração saudável" — entrevistam especialistas que apontam importante perfil dos interlocutores sociais e laborais. As analistas focalizam diversos aspectos, destacando-se: "Ao lado da hipertensão, obesidade, sedentarismo, colesterol alto, *stress* e tabajismo, o diabete é um importante fator de risco de doenças cardiovasculares"[341] (grifa-se).

Qual a *profilaxia* para abrir caminhos e alcançar imediata e prática solução? O remédio receitado pelo médico, mas em muitas circunstâncias são coadjuvantes os remédios: jurídico, financeiro, econômico e outras fórmulas ao alcance do psicólogo, psicanalista, terapeuta, educador, sociólogo, conviviólogo, nutricionista, engenheiro alimentar, economista, entre outros profissionais.

Deve-se cultivar mais o *amor* ao ser humano, à vida, à natureza e ao trabalho, porque abre o caminho para mais alegria e felicidade que faz bem para todos no mundo.

Nesse sentido o pesquisador *Mário Sérgio Julio Cerci* enfatiza: "Significa ter um relacionamento agradável e desarmado, evitando a intolerância, tentando colocar-se no lugar dos outros e procurar entender como elas se sentem. Procurar ser generoso, que é diferente de ser caridoso, permitindo doar-se de forma indistinta e incondicional.

Não buscar retribuição, mas sim um estado de paz de espírito que ajude a manter seu coração saudável. Agindo dessa forma, sendo mais tolerante e generoso, menos competitivos e ambiciosos, nos amaremos mais, trazendo uma conseqüente melhoria da qualidade e quantidade de vida"[342] (grifa-se).

---

(340) "O perigo real". *Revista Veja*, edição 1.850, ano 37, n. 16, São Paulo: Abril, 21 de abril de 2004, pp. 90 e 92.
(341) BUCHALLA, Anna Paula; NEIVA, Paula Beatriz e PASTORE, Karina. " Especial — Como ter um coração saudável". *Revista Veja*, edição 1.761, *cit.*, pp. 78 *usque* 85.
(342) *Idem, ibidem*, p. 2.

Esdras Vasconcellos, Diretor do Instituto Paulista de Stress e professor de pós-graduação do Instituto de Psicologia da USP e da PUC/SP, em brilhante matéria da jornalista Thais Aiello, sustenta inovadora tese: "Acredite: o estresse tem um lado positivo" diz: "É impossível ser feliz sem estresse. Ele é o elemento motivador para a produção intelectual, artística, tecnológica, industrial e científica. Tudo o que é belo, agradável e prazeroso nasce com a mobilização do estresse, que hoje impregna todos os âmbitos da vida civilizada moderna. Corpo e mente bem estressados, no ponto ótimo de cada indivíduo, resultam em boas produções na empresa, na família, no lazer e na vida. Vivemos em um mundo de extrema pressão. Há os que gostam dessa adrenalina. Produzem muito e brilhantemente, com o estresse ativando sua inteligência e criatividade. São os que encontram prazer em tudo o que fazem, dentro e fora da empresa, formando o time dos executivos de sucesso, que se sobressaem. Trabalham muito, mas estão mobilizados que muitas vezes nem sentem tanto o cansaço. Correm o risco de morrer precocemente, mas têm chances de uma vida longa se souberem gerir com inteligência o ritmo de suas atividades. De fato, o que realmente mata é o distress, que acomete os obcecados pelo trabalho, aqueles que não conseguem encontrar prazer e felicidade fora do âmbito profissional. Esses geralmente pagam com a própria saúde essa busca desenfreada pelo sucesso. Os aspectos negativos de seu estilo de vida atingem corpo, mente, espírito e conduta social. Tornam-se pessoas opressoras dentro e fora da empresa, agressivas, donas da verdade. Acabam rejeitadas por seus pares e subordinados, incapazes de uma interação agradável e feliz. Sair do estado de distress exige conscientização e mobilização. Para os que querem usufruir do lado positivo do estresse, o segredo está em desenvolver estratégias conscientes de controle dos agentes estressantes, aprendendo a lidar melhor com os elementos que provocam tensão e esgotamento. Administrar bem o tempo, ter disciplina de vida e distribuir os afazeres de tal forma que a não ser absorvido pelo trabalho é um bom começo"[343].

No mesmo sentido é o entendimento do psicólogo americano James Campbell Quick que recomenda usar o "stress a seu favor'" citado em valiosa matéria de Diogo Schelp, que pergunta: "Por que o senhor diz que stress é bom?" O cientista responde:

"A maioria das pessoas pensam no stress como algo ruim. Mas, em vez de aprender a evitá-lo, o que é impossível, temos de aprender a controlá-lo e a usá-lo de forma saudável, produtiva e criativa. Ele é uma arma que ativa as funções corporais e põe a pessoa

---

(343) AIELLO, Thais. "Acredite: o estresse tem um lado positivo". Revista Exame, edição 766, ano XXXVI, n. 10, São Paulo: Abril, 15 de maio de 2002, p. 219.

pronta para a ação, preparada para sobreviver. Isso vale tanto para coisas como correr ou superar uma ameaça quanto para construir prédios altos e trabalhar com afinco. Quem não tem stress suficiente não está usando todo o potencial como ser humano". *Diogo Schelp*, jornalista da Revista veja, pergunta mais: "*Como se faz para conseguir esse uso positivo do stress*?" O entrevistado responde: "Primeiro, a pessoa precisa identificar o momento em que o stress está começando a fazer-lhe mal. Numa situação de alto stress, as respostas mais comuns são lutar ou fugir. Pode-se dizer que, no trabalho, enquanto o stress está gerando entusiasmo, motivação, ele é bom. Quando ganha as características de desânimo, cansaço, irritação, passa a ser mau. Nesse momento, antes de pedir férias ou demissão, vale a pena usar uma técnica respiratória. Inspire o ar lentamente e tente levá-lo para a parte inferior do pulmão. É a respiração abdominal. Depois, vem o cuidado com a mente. A pessoa deve concentrar sua atenção em algum ponto fixo ou numa idéia ou frase. Pode ser até algo religioso, como 'o Senhor é o meu pastor'. Essa é uma forma de sincronizar-se apenas no processo que está acontecendo em seu corpo. Com isso, os sistemas de ansiedade são revertidos. A pressão arterial diminui e os músculos descem e podem ser relaxados. O nível de stress desce e pode ser recolocado na direção produtiva. Há quem consiga até regular os batimentos cardíacos agindo assim"[344].

Lair Ribeiro pontifica no mesmo sentido: "Poucos sabem a diferença entre *distress* e *stress*. O estresse é uma coisa boa, está ligado à emoção de realizar coisas e traz energia. Entretanto, se eu ficar preocupado e ansioso para fazer, isto é 'distresse', que é prejudicial"[345] (grifos do autor).

Uma pessoa alegre, feliz e em harmonia com a vida é, sem dúvida, mais produtiva e próspera. Nesse sentido estudos científicos comprovam que *rir, é alegria*. Constitui força poderosa para manter uma boa saúde física e mental. O cientista *William Fry*, psiquiatra e professor emérito da Universidade de Stanfor, na Califórnia, Estados Unidos, diz: "Temos agora comprovação de laboratório de que uma *risada alegre* estimula a maioria dos principais sistemas fisiológicos do corpo". E ainda: "Uma boa risada acelera o batimento cardíaco, melhora a circulação do sangue e trabalha músculos em quase todo o corpo. É um exercício aeróbico. E, depois que a risada acaba, você se sente relaxado. Rir ajuda a prevenir ataques cardíacos, na medida em que alivia tensões, stress e raiva. Pode ainda ajudar a impedir o baixo ritmo circu-

---

(344) SHELP, Diogo. "Stress a seu favor". *Revista Veja*, edição 1.769, ano 35, n. 37, São Paulo: Abril, 18 de setembro de 2002, pp. 11 e 14.
(345) RIBEIRO, Lair. *Op. cit.*, pp. 61-2.

latório que acarreta derrames e também alivia o desconforto de pessoas que sofrem de câncer". Acrescenta, ainda, o especialista: "O riso ajuda na prevenção do câncer por aliviar a depressão, um estado emocional que pode tornar as pessoas mais vulneráveis à doença. Muitos especialistas creditam ao ensaísta Norman Cousin o pioneirismo de ter apontado os benefícios do humor para a saúde"[346].

Lair Ribeiro reconhece ainda: "Quando você sorri, mesmo que não esteja sentindo nada, seu cérebro recebe uma mensagem de que está tudo bem. Existe uma conexão direta entre o sorriso e o sistema nervoso central. Quando você sorri, libera no cérebro um hormônio chamado beta-endorfina, que leva à sua mente uma mensagem positiva"[347].

Conclui-se que fator econômico, financeiro, desemprego, violência, criminalidade e outros produzem *stress* ou *distress* que causa doenças emocionais e atinge a quantidade e qualidade de vida humana.

5. Linha *Média* da Riqueza ou da Pobreza dos Agentes Laborais

Há que se encontrar uma linha de equilíbrio para estabelecer um parâmetro de conviviologia e harmonia entre os interlocutores laborais, sociais e políticos, objetivando evitar o conflito e prevenir, sempre que possível, o desequilíbrio emocional e o desentendimento. Os recursos mínimos que cada ser humano deve ter para assegurar uma vida com dignidade, não só para si, mas também para sua família, sem dúvida, constitui o grande desafio de governantes e governados.

Qual a metodologia para garantir uma linha média dos recursos econômico-financeiros para atender as necessidades mínimas para uma vida com dignidade?

Será possível estabelecer uma linha de recursos médios para assegurar uma vida com dignidade? Ou que fosse possível sustentar que acima ou abaixo dela, poder-se-ia falar em classe: *rica; rica-média; média; média-pobre; pobre*. Ou ainda: pobre-médio, miserável e faminto.

A partir da classe *média-pobre*: seria aquela que ganha acima do salário mínimo, consegue atender suas necessidades vitais básicas e às de sua família. E, o direito de moradia, alimentação, educação, saúde, lazer, vestuário, higiene, transporte e previdência social (CF, art. 7º, IV)?

A classe *pobre*, ainda, ganha o salário mínimo. É forçado gerenciar o pequeno recurso para si e para sua família, muitas vezes, numerosa (*ex.* 5 ou mais filhos menores). A situação mais grave é da classe

---

(346) "Rir é terapia". *Gazeta do Paraná*, Diretor Jornalista Marcos Formighieri, Cascavel: Rede Equatorial, 11 de agosto de 1996, p. 27.
(347) RIBEIRO, Lair. *Op. cit.*, p. 64.

miserável ou faminta, que, não tem acesso, sequer a um emprego de salário mínimo!

O que falta, muitas vezes, não é tanto o trabalho, mas a qualidade da competência profissional.

Conclui-se que a qualidade da competência profissional pode ser uma alternativa mais segura para o acesso ao trabalho e aos recursos necessários para brotar a esperança da dignidade humana.

6. Desemprego, Violência e Criminalidade

O desemprego pode resultar em violência e criminalidade? Nem sempre. Entretanto, não é regra geral. Pesquisa inédita prova que o desemprego dos últimos anos lançou o trabalhador no mundo da violência e da criminalidade.

As jornalistas *Paloma Cotes e Valéria França* apontam brilhantemente, em matéria sobre *"Crime e desemprego"*: "Uma pesquisa inédita realizada pela Secretaria de Segurança Pública do Estado de São Paulo mediu o que a população brasileira mais temia: a estagnação econômica já teve impacto direto no aumento da criminalidade. O Estudo foi feito no município de São Paulo, analisando os 33 tipos de ocorrências policiais mais freqüentes. Uma boa parcela delas acompanha quase mês a mês a variação nas taxas de desemprego e as quedas no padrão de renda do brasileiro. De 2001 a 2003, o ganho médio dos paulistanos caiu 18,8% e a oferta de trabalho 22%, enquanto nas ruas furtos e roubos a transeuntes aumentaram quase na mesma proporção, 23%. 'Ao cruzar dados socioeconômicos e criminais foi possível provar que a extrema necessidade pode ser um incentivo ao crime', diz o professor Leando Piquet Carneiro, da Faculdade de Ciências Políticas da Universidade de São Paulo(USP), um dos cincos pesquisadores responsáveis pelo estudo. A pesquisa também revelou que o grau de violência dos delitos pode variar de acordo com o nível de desespero econômico de quem os pratica. Os furtos, que não envolvem ameaças ou agressão direta às vítimas, têm uma relação mais direta com a queda na renda da população"[348].

A pesquisa mostra ainda, que aumentou os crimes de iniciantes, especialmente, furtos de objetos em veículos, subiu 69%; estabelecimento comercial, 24%; residência, cresceu 66%; objetos e dinheiro do transeunte, 24%; tráfico de entorpecentes, cresceu 72%; homicídio doloso, ou seja, intencional, caíram 25%; assalto para roubo de automóvel, reduziu-se em 32%.

---

(348) CORTES, Paloma e FRANÇA, Valéria. "Crime e desemprego". *Revista Época*, n. 307, São Paulo: Globo, 5 de abril de 2004, pp. 77-78.

Por isso, prevenir é um dos remédios mais econômicos. A repressão, com armamento hipermoderno, construção de presídios ultra-seguros, por si só, não são suficientes. Muitos são os programas que podem contribuir para afastar muitos candidatos à violência e criminalidade.

Paloma Cotes e Valéria França registram: "Na cidade de São Paulo, onde foi realizada a pesquisa, enquanto alguns crimes crescem com os indicadores econômicos ruins, várias pessoas são resgatadas por programas de auxílio da prefeitura. Essas estratégias, a princípio destinadas a combater exclusão social e pobreza, acabaram reduzindo índices de homicídios"[349].

O desafio da violência e da criminalidade atingem a vida dos agentes econômicos?

A partir do momento que a pessoa não dorme, não se alimenta, não se concentra em sua atividade laboral, marca e desorganiza seu sistema emocional, alcançando vincadamente sua vida pessoal, familiar, profissional e social.

A jornalista *Lucila Soares* em magnífica matéria versando a respeito de "Novos estudos mostram que a perseguição pelo mau chefe não afeta apenas a produtividade das empresas — também faz mal à saúde dos funcionários", salienta: "Numa situação de crise, o indivíduo pode reagir dando o melhor de si para achar soluções. Mas, numa circunstância em que tem de provar que é bom apesar de estar pressionado e inseguro, ele só vai conseguir mostrar a própria fragilidade, expor os próprios defeitos. Acaba dando razão ao chefe que o considera incompetente e acrescenta mais um item a seu rol de motivos de sofrimento: a vergonha". Cita ainda *Marie France Irogoyen* que analisa: "Trata-se de um fenômeno circular. Uma seqüência de comportamentos deliberados por parte do agressor destina-se a desencadear a ansiedade da vítima, o que provoca nela uma atitude defensiva, que é, por sua vez, geradora de novas agressões". E diz mais a jornalista: "O lado mais cruel desse tipo de sofrimento é que ele atinge o que se transformou no centro da vida do homem moderno. Mais do que fonte de sobrevivência, o trabalho constitui hoje a principal identidade do cidadão. Depois do nome, é a profissão, ou o emprego, que define o lugar do indivíduo no mundo. Por isso é tão dolorosa a experiência de ver seu trabalho ignorado ou desqualificado — além, evidentemente, do medo de ficar desempregado que a desaprovação do chefe provoca"[350].

Basta avaliar o perfil de *gente* em desespero por falta de recursos mínimos para aquisição de bens ou serviços vitais à própria sobrevi-

---
(349) *Idem, ibidem*, p. 83.
(350) "Educação: uma solução em Goiás". *Revista Exame*, edição 766, *cit.*, p. 106.

vência. Sem a menor dúvida, leva o ser humano ao completo desequilíbrio emocional.

Questiona-se: isso afeta o sistema emocional ou psicológico, enseja doença?

Ad exemplum: qual o nível de *stress*, diante do desemprego, violência, criminalidade, saúde, alimentação, assistência social, entre tantos outros fatores. A falta de recursos financeiros para aquisição de *bens* vitais mínimos ao pai, vendo seu filho em desespero de fome ou morrendo sem assistência médica e remédio! Vendo cortar a luz, a água, o telefone de sua residência, nada podendo fazer! São dramáticas as humilhações e torturas! Qual será o estado emocional de uma pessoa diante de tais circunstâncias? Qual a profilaxia? Qual a solução?

Logo, o desemprego é um fenômeno econômico dramático para o trabalhador! Entretanto, é certo que nenhum crime compensa ninguém.

CONCLUSÃO GERAL

O ser humano é constituído de corpo, alma e sentimento. É capaz de sentir, pensar, criar, decidir e agir. Os agentes econômicos, sociais e políticos, são pessoas. *Logo*, podem adotar, *sempre e sem pararem*, a Conviviologia Jurídica, como diapasão para afinarem a harmonia das poderosas forças produtivas do trabalho-capital e unidos triunfarem na tribuna da escola dos vencedores.

BIBLIOGRAFIA

ABRANCHES, Sérgio. *Revista Veja*, edição 1.761, ano 35, n. 29, São Paulo: Abril, 24 de julho de 2002.

_____. "Em foco — Não há guerra civil". *Revista Veja*, www.veja.com.br, edição 1.850, ano 37, n. 16, São Paulo: Abril, 21 de abril de 2004.

AIELLO, Thais. "Acredite: o estresse tem um lado positivo". *Revista Exame*, edição 766, ano XXXVI, n. 10, São Paulo: Abril, 15 de maio de 2002.

ALMEIDA, Luciano Mendes de. *Comentários à Constituição Brasileira de 1988*, vol. I, Rio de Janeiro: Forense, 1988.

ALMEIDA JÚNIOR, A. *Elementos de Anatomia e Fisiologia Humanas*. 37ª ed. São Paulo: Nacional, 1973.

ALVIM, Décio Ferraz. *Direito Civil — Introdução e Parte Geral*. 2ª ed. São Paulo: Sugestões Literárias, 1970.

ANDERSON, Greg. *Guia Prático para o Sucesso*. Trad. Dorothea de Lorenzi Grimberg Garcia. São Paulo: Madras, 1999.

ANDRADE, Everaldo Gaspar Lopes de. *Dissídio Coletivo*. São Paulo: LTr, 1993.

ARESI, frei Albino. Mens Sana. *Fundamentos Científicos da Parapsicologia*. 1º e 2º vols., São Paulo: Everest, 1978.

ÁVILA, Fernando Bastos de. Apud BITTENCOURT, Ruben. *Instituições de Direito Econômico*. Curitiba: Juruá, 1996.

BARBOSA, Benedito Alves. *O Direito de Viver e a Pena de Morte*. São Paulo: Julex, 1985.

BARBOSA, Rui. "Obras Seletas" (Campanhas Jornalísticas, República), tomo VII, p. 72, conforme cita Luiz Rezende de Andrade Ribeiro. *Dicionário de Conceitos e Pensamentos de Rui Barbosa*. São Paulo: EDART, 1967.

_____. In *Dicionário de Conceitos e Pensamentos de Rui Barbosa*. Luiz Rezende de Andrade Ribeiro, com uma Introdução sobre a vida e o pensamento de Rui Barbosa por Salomão Jorge. São Paulo: EDART, 1967.

BARTHES, Ronald. *Elementos de Semiologia*, trad. de Izidoro Blikstein. São Paulo: Cultrix, 1964.

BASTOS, Celso Ribeiro e MARTINS, Ives Gandra. *Comentários à Constituição do Brasil*. 1º vol. São Paulo: Saraiva, 1988.

BATALHA, Wilson de Souza Campos. *Tratado de direito jurídico do trabalho*, 3ª ed. ver., atual. e ampl., vol. II, São Paulo: LTr, 1995.

BITTENCOURT, Rubens. *Instituições de Direito Econômico*. Curitiba: Juruá, 1996.

BODACHNE, Luiz. "Doenças cardiovasculares". *O Estado do Paraná*. Curitiba: O Estado do Paraná, 14 de julho de 2002.

BOISSONNAT, Jean. *2015 — Horizontes do Trabalho e do Emprego*, relatório da Comissão Presidida por Jean Boissonnat [trad. por Edilson Alkmin Cunha], São Paulo: LTr, 1998.

BOOG, Gustavo G. *O Desafio da Competência*: Como Enfrentar as Dificuldades do Presente e Preparar sua Empresa para o Futuro. São Paulo: Best Seller-Círculo do Livro, 1991.

BUCHALLA, Anna Paula. "O perigo é real". *Revista Veja*, edição 1.850, ano 37, n. 16, São Paulo: Abril, 21 de abril de 2004.

_____ ; NEIVA, Paula Beatriz; PASTORE, Karina. "Especial — Como ter um coração saudável". *Revista Veja*, edição 1.761, ano 35, n. 29, São Paulo: Abril, 24 de julho de 2002.

BUSCAGLIA, Leo. *Nascido para Amar*, 3ª ed. Tradução: Paulo Fróes, Rio de Janeiro: Record, 1993.

BUSH, George W. *Revista Veja*, edição 1.719, ano 34, n. 38, São Paulo: Abril, 26 de setembro de 2001.

BUSSI, Nilton. *O Estado do Paraná — Direito e Justiça*. Curitiba: O Estado do Paraná, 15 de setembro de 2002.

CÂMARA, João Meireles. *Técnicas de Oratória Forense e Parlamentar*. São Paulo: Acadêmica, 1989.

CERCI, Mário Sérgio Júlio. "Estresse e o coração". *O Estado do Paraná*, Caderno "Bom Domingo", Curitiba: O Estado do Paraná, 7 de maio de 2000.

CHAVES, Antônio. *Direito à Vida e ao Próprio Corpo*. São Paulo: Revista dos Tribunais, 1986.

CORRÊA, Nereu. *A Palavra: a Arte da Conversação e da Oratória*. Florianópolis: Editora da UFSC, 1983.

CORTES, Paloma e FRANÇA, Valéria. "Crime e desemprego". *Revista Época*, n. 307, São Paulo: Globo, 5 de abril de 2004.

COSTELLA, Antonio. *Direito da Comunicação*. São Paulo: Revista dos Tribunais, 1976.

CURY, Augusto Jorge. *Treinando a Emoção para ser Feliz*. 19ª ed. São Paulo: Academia de Inteligência, 2001.

_____ . *Inteligência Multifocal*. São Paulo: Cultrix, 1998.

_____ . *Revolucione sua Qualidade de Vida: navegando nas águas da emoção*. Rio de Janeiro: Sextante, 2002.

_____ . *A Pior Prisão do Mundo*. 5ª ed. São Paulo: Academia de Inteligência, 2000.

DELMAS-MARTY, Mireille. "Laboratório da Globalização do Direito". *Revista Jurídica Consulex*, ano VI, n. 132, Brasília: Consulex, 15 de julho de 2002.

DEMO, Pedro. *Pesquisa e Construção de Conhecimento. Metodologia Científica no Caminho de Habermas.* Rio de Janeiro: Tempo Brasileiro, 1996.

DESIDERIO, Fiorangela. *Convívio: Análise de Aspectos Relacionais Humanos.* Petrópolis: Vozes, 1983.

DOTTI, René Ariel. *Curso de Direito Penal:* parte geral, Rio de Janeiro: Forense, 2001.

_____. "Artigo: A Luta pela Justiça", Jornal *O Estado do Paraná* — Caderno "Direito e Justiça", Curitiba, de 3 de fevereiro de 2002.

_____. "Ama a tua profissão". Curitiba: *O Estado do Paraná*, Caderno "Direito", 19 de maio de 2002.

DRUCKER, Peter. "O inventor da administração e o desafio brasileiro". *Revista Exame,* edição 766, ano XXXVI, n. 10 São Paulo: Abril, 15 de maio de 2002.

DUARTE. José Coimbra. *O Corpo Humano.* 8ª ed. São Paulo: Nacional, 1971.

EPPINGER, Wilmar & TOLEDO, Juarez Alfredo. *O Administrador Inteligente* (O Holismo Aplicado à Administração). Curitiba: Juruá, 1993.

ESPÍNOLA, Eduardo. *Sistema do Direito Civil Brasileiro.* Rio de janeiro: Rio, 1977.

FERREIRA, Aurélio Buarque de Holanda. *Novo Dicionário da Língua Portuguesa,* 2ª ed. rev. e ampl. 7ª impressão Rio de Janeiro: Nova Fronteira, 1986.

FERREIRA, Wolgran Junqueira. Elementos de Direito Constitucional, vol. III, São Paulo: Pratense, 1972.

_____. *Comentários à Constituição de 1988.* 1ª ed., vol. I, Campinas: Julex.

_____. *Direitos e Garantias* — Comentários ao art. 5º da Constituição Federal de 1988. Bauru: EDIPRO, 1997.

FERREIRA FILHO, Manoel Gonçalves. *Comentários à Constituição Brasileira: Emenda Constitucional,* n. 1, vol. 3º, 17 de outubro de 1969, São Paulo: Saraiva, 1972-1975.

_____. *Comentários à Constituição Brasileira de 1988,* vol. 1, São Paulo: Saraiva, 1990.

FRANÇA, Antônio de S. Limongi. *Apud Enciclopédia Saraiva do Direito,* vol. 14. Coord. do Prof. R. Limongi França. São Paulo: Saraiva, 1977.

FRANÇA, Ronaldo. "A cidade que o medo contruiu". *Revista Veja,* edição 1.850, ano 37, n. 16, São Paulo: Abril, 21 de abril de 2004.

_____. "Com a Força do Pensamento". *Revista Veja,* edição 1.846, ano 37, ano 12. São Paulo: Abril, 24 de março de 2004.

FREIAS, Ronald e WEIS, Bruno. *Revista Época,* Ano III, n. 110, São Paulo: Globo, 26 de junho, 2000.

FRY, William. "Stress a seu favor". *Gazeta do Paraná.* Diretor Jornalista Marcos Formighieri, Cascavel: Rede Equatorial, 11 de agosto de 1996.

GALVES, Carlos. *Manual de Economia Política Atual.* 12ª ed. Rio de Janeiro: Forense, 1991.

GARÇON, Maítre Maurice. *Eloqüência Judiciária.* Trad. Zilda Felgueiras, Rio de Janeiro: Casa do Estudante do Brasil, 1949.

GASPERI, Ulysses de. *Elementos de Economia (Economia Política).* 5ª ed., Porto Alegre: Sulina, 1966.

GIGLIO, Wagner D. *A Conciliação nos Dissídios Individuais do Trabalho.* São Paulo, LTr, 1982.

GILBERT, Ilie. *Conviviologia: A Ciência do Convívio.* Prefácio de Gilberto Freire, São Paulo: IBRASA, 1994.

GOLEMAN, Daniel. *Inteligência Emocional: A Teoria Revolucionária que Redefine o que é Ser Inteligente.* Trad.: Marcos Santarrita. Rio de Janeiro: Objetiva, 1995.

GOMES, Osni. "A Violência". *O Estado do Paraná.* Curitiba: O Estado do Paraná, 1º.6.03.

GONZALEZ, Rosane Abreu. *Tendências do Direito do Trabalho para o Século XXI: globalização, descentralização produtiva e novo contratualismo,* Dorothee Susanne Rúdiger (coord.), São Paulo: LTr, 1999.

GUITTON, Henri. *Economia Política.* Trad. Prof. Oscar Dias Corrêa, vol. I, Rio de Janeiro: Fundo de Cultura, 1961.

HABERMAS, Jürgen. *A crise de legitimação no capitalismo tardio.* Trad. de Vamireh Chacor, Rio de Janeiro: Tempo Brasileiro, 1980.

HAY, Louise L. *O Poder da Palavra.* São Paulo: Martin Claret, 1999.

HERSKOVITS, Melville J. *El hombre y sus obras.* México: Fondo de Cultura Económica, 1952.

HORTA, Ana Magdalena. "Soneca no trabalho". *Revista Época,* ano IV, n. 175, São Paulo: Globo, 24 de setembro de 2001.

HUNGRIA, Nélson. *Comentários ao Código Penal.* 4ª ed., vol. I, Rio de Janeiro: Forense, 1958.

JOHNSON, Paul. "O Ilsã na Mira". *Revista Veja,* edição 1.719, ano 34, n. 38, São Paulo: Abril, 26 de setembro de 2001.

JUNIOR, Luís Fernando Viana Artigas. *O Estado do Paraná — Caderno Direito: Belíndia e segurança pública.* Curitiba: O Estado do Paraná, 16 de julho de 2002.

KAHN, Fritz. *O Corpo Humano.* 6ª ed., vol. 1º. Trad. do Dr. J. Clemente de Almeida Moura, Rio de Janeiro: Brasileira, 1966.

KLEIN, Tolstoy C. *Curso de Economia Política.* Rio de Janeiro: Mandarino, 1966.

KLINTOWITZ, Jaime. "A Guerra Real do Fanatismo". *Revista Veja,* edição 1.845, ano 37, n. 11, São Paulo: Abril, 17 de março de 2004.

LIMA, João Gabriel de. "Cultura — falar e escrever, eis a questão". *Revista Veja,* edição 1.725, ano 34, n. 44, São Paulo: Abril, de 7 de novembro de 2001.

_____. "O maior de todos os tempos". *Revista Veja*, edição 1.845, ano 37, n. 12, São Paulo: Abril, 24 de março de 2004.

LOPES, Hélio. *Literatura Portuguesa*. São Paulo: Filo-Juris, 1975.

LORAYNE, Harry. *Segredos do Poder da mente*. 2ª ed. Trad. Luzia C. Machado da Costa, Rio de Janeiro: Record,1976.

LOYOLA, Leandro &TRAUMANN, Thomas. *Revista Veja*, edição 1.619, ano 32, n. 41, São Paulo: Abril, 13 de outubro, 1999.

MACEDO JÚNIOR, Francisco Luiz & ANDRADE, Antônio Marcelo Rogoski. *Manual de Conciliação*. Curitiba: Juruá, 1999.

MACIEL, Marco. *Conviver, mais que vencer*. Brasília: Palácio do Planalto, 24 de junho de 2002.

MAIA, J. Motta. *Enciclopédia Saraiva do Direito* coord. do Prof. R. Limonge França, vol. 67, São Paulo: Saraiva, 1977.

MALTA, Christóvão Piragibe Tostes. "Da Competência no Processo Trabalhista", apud *A Conciliação nos dissídios individuais do trabalho*, nota 1, São Paulo: LTr, 1982.

_____. *Comentários à CLT*. 6ª ed., São Paulo: LTr, 1993.

MALUF, Sahid, *Curso de Direito Constitucional*. vol. 2º, São Paulo: Sugestões Literárias, 1970.

MARANHÃO, Délio; SÜSSEKIND, Arnaldo; VIANNA, Segadas. *Instituições de Direito do Trabalho*. 11ª ed. rev. e ampl. de conformidade com a Constituição Federal de 1988, 2 vols., São Paulo: LTr, 1991.

MAXWELL, Kenneth. "Papel que terá o Brasil nessa Conjuntura", *Revista Época*, ano IV, n. 175, São Paulo: Globo, de 24 de setembro de 2001.

MEDEIROS, Osmar. *Saber Pensar é Querer Mudar*. Curitiba: JM, 1997.

MEDEIROS, Ricardo. *Tendências do Direito do Trabalho para o Século XXI: Globalização, Descentralização Produtiva e Novo Contratualismo*, Dorothee Susanne Rúdiger (coord.). São Paulo: LTr, 1999.

MELLO, Jorge Krieger de. *Pena de Morte Perigo ou Necessidade? Dilema de uma Nação*. Porto Alegre: Planusgraf, 1976.

MELLO, Olbiano de. *Economia Política*. São Paulo: Revista dos Tribunais, 1968.

MELLO FILHO, José Celso de. *Constituição Federal Anotada*. 2ª ed. São Paulo: Saraiva, 1986.

MENDES, Gilmar Ferreria. "Direitos Fundamentais e Controle de Constitucionalidade: Estudos de Direito Contitucional", *Instituto Brasileiro de Direito Constitucional*. São Paulo: Celso Bastos, 1998.

MOSQUERA, Juan José Mouriño. *O Professor como Pessoa*. 2ª ed. Porto Alegre: Sulina, 1978.

MUNIZ, Jacqueline. "Especial — Tá tudo Dominado", *Revista Veja*, edição 1.769, ano 35, n. 37, São Paulo: Abril, 18 de setembro de 2002.

MURPHY, Joseph. *O Poder do Subconsciente*. 42ª ed. Trad. Pinheiro de Lemas, Rio de Janeiro: Record, 1997.

_____. *Energia Cósmica: O Poder milagroso do Universo.* Trad. A. B. Pinheiro de Lemos, Rio de Janeiro: Record, 1973.

NAPOLI, Rodolfo A. *Desarrollo, integración y derecho del trabajo.* Astrea: Buenos Aires, 1972.

NASCIMENTO, Amauri Mascaro. *Curso de Direito do Trabalho.* 9ª ed. atual., São Paulo: Saraiva, 1991.

NOBREGA, Clemente. *Revista Exame*, edição 766, cit., p. 89

NOGUEIRA, Rubem. *O Advogado Rui Barbosa: Momentos culminantes de sua vida profissional.* 4ª ed. rev. Salvador: Nova Alvorada, 1996.

NORONHA, E. Magalhães. *Direito Penal.* vol. 1, São Paulo: Saraiva, 1986.

NUNES, Pedro. *Dicionário de Tecnologia Jurídica*, vols. I e II, Rio de Janeiro: Freitas Bastos, 1976.

OLIVEIRA, Edmundo. *A Identidade Humana do Crime.* Belém: CEJUP, 1987.

PASSOS, José J. Calmon de. *Comentários ao CPC.* 8ª ed., vol. III, Rio de Janeiro: Forense, 1998.

PASTORE, José. *Flexibilidade dos Mercados de Trabalho e Contratação Coletiva.* São Paulo, 1994.

PEALE, Norman Vicent. *O Poder do Pensamento Positivo.* Tradução de Lenidas Gontijo de Carvalho. São Paulo: Cultrix, 1999.

PEPES, Alfeu Gomes. *Curso de Oratória Moderno.* Campinas: Julex, 1984.

PINTO, Virgílio Noya. *Comunicação e Cultura Brasileira.* 5ª ed., São Paulo: Ática, 1999.

PINTO FERREIRA. *Comentários à Constituição brasileira*, vols. 1 e 3. São Paulo: Saraiva, 1989.

POLISUK, Julio e GOLDFELD, Sylvio. *Dicionário de Medicina.* Rio de janeiro: Científica, 1974.

POLITO, Reginaldo. *Como se tornar um bom orador e se relacionar bem com a imprensa.* São Paulo: Saraiva, 1995.

QUICK, James Campbell. *Revista Veja*, edição 1.769, ano 35, n. 37, São Paulo: Abril, 18 de setembro de 2002.

RAMIRO, Denise. "Economia e Negócios — A Turma da Limpeza", *Revista Veja.* edição 1.761, ano 35, n. 29, São Paulo: Abril, 24 de julho de 2002.

RAMOS, Ademir. *Moderno Curso de Oratória.* São Paulo: Brasileira, 1975.

REALE, Miguel. *Filosofia do Direito.* 14ª ed. atual. São Paulo: Saraiva, 1991.

_____. *Lições Preliminares de Direito.* 19ª ed. rev. São Paulo: Saraiva, 1991.

REIS, Clayton. "Direitos da Personalidade". Curitiba: *O Estado do Paraná*, Caderno Direito e Justiça, 22 de dezembro de 2002.

RIBEIRO, Lair. *O Sucesso não Ocorre por Acaso*: é simples mas não é fácil, 114ª ed. Rio de Janeiro: Objetiva, 1996.

ROBBIN, Anthony. *O Poder da Palavra.* São Paulo: Martin Claret, 1999.

ROCHA, Edgar Aquino. *Manual de Economia Política.* São Paulo: Nacional, 1967.

ROCHA, Manoel Ilson Cordeiro. *Tendências do Direito do Trabalho para o Século XXI: globalização, descentralização produtiva e novo contratualismo,* Dorothee Susanne Rúdiger (coord.), São Paulo: LTr, 1999.

RODRIGUES, Ademir Paulo. *A Arte de Lidar com as Pessoas.* Cascavel: Instituto Superior, 2002.

RUGGIERO, Roberto de. *Instituições de direito civil.* Tradução da 6ª ed. italiana por Paolo Capitanio; atualização por Paulo Roberto Benasse, vol. I, São Paulo: Bookseller, 1999.

RUSSOMANO, Rosah. *Curso de Direito Constitucional.* 4ª ed., rev. alt. e atual. até a Emenda n. 24, de 1º.12.83, Rio de Janeiro: Freitas Bastos, 1984.

SANTOS, Altamiro J. dos. *Direito Penal do Trabalho.* São Paulo: LTr, 1997.

_____. *Comissão de Conciliação Prévia — Conviviologia Jurídica & Harmonia Social,* São Paulo: LTr, 2001.

_____. "Ministério Público, Poder Judiciário, OAB e Constituinte", in *O Paraná.* Jornal de Fato, artigo publicado em 30 de maio de 1986, Cascavel.

_____. *Perfil vocacional e idealismo para exercer as nobres funções de magistrado,* membro do Ministério Público e advogado. Cascavel: IGOL, 2002.

_____. *O Advogado e sua nobre função social.* São Paulo: Tribuna da Justiça, 30 de janeiro de 1983.

_____. Paraná Oeste, 26.9.86; Hoje Regional, 15.3.86, Revista Nova Fase, dez. 86, Cascavel.

_____. "O Poder Judiciário", in *Paraná Oeste,* artigo publicado em 5 a 11 de abril de 1988, Cascavel/PR.

_____. "Poder da Palavra e Direito". *O Paraná-Jornal de Fato.* Cascavel: POR, 5 de julho de 1986.

_____. "Professor e Educação", 7 a 14 de outubro/86, Cascavel: *Paraná Oeste,* 1986.

_____. "Legítima Defesa Social". Tese apresentada e acolhida no VII Congresso Brasileiro de Direito Constitucional, realizado em Porto Alegre, vol. 48, em 1987. In *Revista Trimestral de Jurisprudência dos Estados.* São Paulo: Velenich, 1988.

_____. "O Ensino da Lei nas Escolas — Disciplina Obrigatória", *Revista Trimestral de Jurisprudência dos Estados.* Ano 12, São Paulo: Vellenich, setembro de 1988.

_____. "Processo de seleção de advogado e membro do Ministério Público para exercer a Magistratura pelo Quinto Constitucional", *Revista Trimestral de Jurisprudência dos Estados,* vol. 97, São Paulo: Jurid Vellenich, 1992.

_____. "Vontade e Direito", 22 a 28 de julho de 1986, Cascavel: Jornal Paraná Oeste.

_____. "Relevante Função de Harmonia Social das Comissões de Conciliação Prévia — Lei n. 9.958/2000", O Paraná de 27.2.00, Cascavel, 2000.

SANTOS, Antônio Jeová. Dano Moral Indenizável. 2ª ed. ver. atual. e ampl., São Paulo: LEJUS, 1999.

SANTOS, Lucimara dos. Tendências do Direito do Trabalho para o Século XXI: Globalização, Descentralização Produtiva e Novo Contratualismo, Dorothee Susanne Rúdiger (coord.), São Paulo: LTr, 1999.

SEMLER, Ricardo. "Soneca no trabalho", Revista Época, n. 305, São Paulo: Globo, 22 de março de 2004.

SCHELP, Diogo. "Stress a seu favor", Revista Veja, edição 1.769, ano 35, n. 37, São Paulo: Abril, 18 de setembro de 2002.

SCHWARTZ, David J. A Mágica de Pensar Grande. Trad. de Dr. Miécio Araújo Jorge Honkis. 22ª ed., Rio de Janeiro: Record, 1997.

SILVA, Antônio Álvares da. Co-Gestão no Estabelecimento e na Empresa, São Paulo: LTr, 1991.

SILVA, Crystiane. "Exército em casa". Revista Veja, edição 1.850, ano 37, n. 16, São Paulo: Abril, 21 de abril de 2004.

SILVA, De Plácido e. Vocabulário Jurídico, 2ª ed. vol. II, Rio de Janeiro: Forense, 1967.

SILVA, Evandro Lins e. Apud KARAM, Maria Lúcia. De Crimes, Penas e Fantasias. Niterói: Luam, 1991

SILVA, Isaac Pereira da. Mensagem de Conferência "Vitória" em Cascavel, 1998.

SILVA, Floriano Corrêa Vaz da. Altamiro J. dos Santos. Prefácio do livro — Comissão de Conciliação Prévia — Conviviologia Jurídica & Harmonia Social, São Paulo: LTr, 2001.

_____. Processo do Trabalho: Estudos em memória de Carlos Coqueijo Torreão da Costa. São Paulo: LTr, 1989.

_____. Prefácio do livro Comissão de conciliação prévia: conviviologia jurídica & harmonia social, Altamiro J. dos Santos, São Paulo: LTr, 2001.

SINTAR, Marsha. Siga sua Vocação que o Dinheiro Vem, tradução de Maria Luiza da Silva Pinto, Rio de Janeiro: Record, 1995.

SOARES, Lucila. "Educação: uma solução em Goiás". Revista Exame, edição 766, ano XXXVI, n. 10, São Paulo: Abril, 15 de maio de 2002.

SOARES, Orlando. Criminologia. Rio de Janeiro: Freitas Bastos, 1986.

_____. Direito de Comunicação. 2ª ed. Rio de Janeiro: José Konfino, 1965.

SODRÉ, Ruy de Azevedo. Ética Profissional e Estatuto do Advogado, São Paulo: LTr, 1975.

SOUZA NETO. *O motivo e o Dolo.* 2ª ed. Rio de Janeiro: Freitas Bastos, 1956.

SÜSSEKIND, Arnaldo. *Direito Internacional do Trabalho.* 2ª ed., São Paulo: LTr, 1987.

_____. *Direito Constitucional do Trabalho.* Rio de Janeiro: Renovar, 1999.

_____; MARANHÃO, Délio e VIANNA, Segadas. *Instituições de Direito do Trabalho,* participação de FILHO, João de Lima Teixeira. 13ª ed., vol. 1, São Paulo: LTr, 1992.

TEIXEIRA, J. H. Meirelles. *Curso de Direito Constitucional.* Obra organizada e atualizada pela jurista Maria Garcia, Professora de Direito Constitucional da PUC/SP. Rio de Janeiro: Forense, 1991.

TOFFLER, Alvin. "A quarta onda". *Revista Exame,* edição 766, ano XXXVI, n. 10, São Paulo: Abril, 15 de maio de 2002.

VASSALLO, Cláudia. "Profissão: otimismo", *Revista Exame,* edição 766, ano 36, n. 10, São Paulo: Abril, 15 de maio de 2002.

VESCOVI, Enrique. "Princípios Constitucionales Del Proceso", *Revista Uruguaya de Derecho Procesal,* 3:298, Fundación de Cultura Universitária.

WEINBERG, Mônica. "Bilionários Latinos". *Revista Veja,* edição 1.724, ano 35, n. 29, São Paulo: Abril, 24 de julho de 2002.

_____. "Risque. Máquinas de fazer dinheiro". *Revista Veja,* edição 1.761, ano 35, n. 29, São Paulo: Abril, 24 de julho de 2002.

WILLIAMSON, John. *O Estado do Paraná,* Curitiba: O Estado do Paraná, 18 de agosto de 2002.

ZARZUELA, José Lopes. *Semi-imputabilidade: Aspectos Penais e Criminológicos.* 1ª ed. Campinas: Julex, 1988.

Produção Gráfica, Editoração Eletrônica e Revisão: **WTJ**
Capa: **ELIANA C. COSTA**
Impressão: **BOOK**